Original en couleur

NF Z 43-120-8

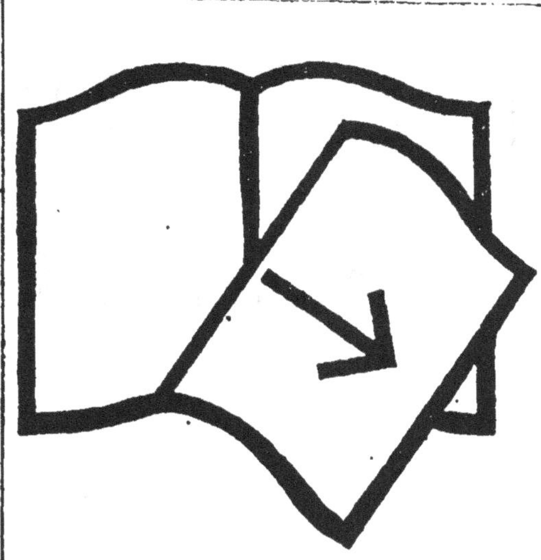

Couverture inférieure manquante

CHARLES SECRÉTAN

MON UTOPIE

NOUVELLES ÉTUDES MORALES ET SOCIALES

GILLETTE, TURIN, SAINTE-GENEVIÈVE
LA PAIX
LA CROYANCE A LA LIBERTÉ
LE LIBÉRALISME
LE DROIT DE FAMILLE
L'ÉCONOMIQUE ET LA PHILOSOPHIE

PARIS
FÉLIX ALCAN, ÉDITEUR
108, Boulevard St-Germain.

LAUSANNE
F. PAYOT, LIBRAIRE-ÉDITEUR
1, rue de Bourg, 1.

1892

MON UTOPIE

LAUSANNE — IMPRIMERIE CH. VIRET-GENTON

CHARLES SECRÉTAN

MON UTOPIE

NOUVELLES ÉTUDES MORALES ET SOCIALES

GILLETTE, TURIN, SAINTE-GENEVIÈVE
LA PAIX
LA CROYANCE A LA LIBERTÉ
LE LIBÉRALISME
LE DROIT DE FAMILLE
L'ÉCONOMIQUE ET LA PHILOSOPHIE

PARIS
FELIX ALCAN, ÉDITEUR
108, Boulevard St-Germain.

LAUSANNE
F. PAYOT, LIBRAIRE-ÉDITEUR
1, rue de Bourg, 1.

1892

PRÉFACE

Il serait vain de prétendre établir un lien logique entre tous les morceaux dont ce volume est composé. On verra cependant sans peine que le petit discours sur la *Paix* est en quelque sorte un complément de *Mon utopie*, à le seconde partie de laquelle se rattache de lui-même celui du *Droit de famille*. La justification du *Libéralisme* politique (dont on a retranché les applications à l'objet très particulier de la séance où elle a été présentée) légitime, en l'expliquant, la distinction nette et profonde du droit et de la morale, que le dernier travail, où nous assignons sa place à l'*Economique* dans l'organisme de la science, revendique énergiquement contre le socialisme de la chaire.

Si cette séparation est fondée, on ne saurait contester l'urgence de la proclamer. Nous la croyons impliquée dans l'idée même d'un ordre moral. Comme nous le faisons remarquer dans l'article sur la *Croyance à la liberté*, la moralité des actions ne tient pas à leur résultat, mais à l'intention qui les inspire ; l'ordre moral est la condition des volontés ; il repose sur le libre arbitre et ne peut pas se réaliser sous l'empire de la contrainte extérieure. La valeur de ce point de vue dépend de savoir si le fond de l'homme est sensation ou s'il est volonté, en d'autres termes si l'homme est un être réel ou s'il est le contre-coup d'autre chose, s'il est voix ou s'il est écho.

Dans la première alternative, que nous adoptons, la personne est libre, sans cependant constituer un tout indépendant par elle-même. Aimer, travailler au bien général, ce qui est l'ordre immédiat de la conscience, revient alors à réaliser sa nature essentielle, à devenir ce qu'on est en principe : la première loi de la morale n'est que la première loi de la logique traduite à l'impératif, A = A. Et tout découle sans effort de cette suprême évidence, tout, jusqu'à la propriété de notre œuvre, nécessaire à la manifestation de notre vouloir, jusqu'à l'inégalité des lots, correspondant à la diversité des aptitudes, jusqu'au droit naturel de tous à ce qui n'est le produit du travail d'aucun.

Enfin, tout ce qui naît et meurt, tout ce qui commence demande une cause, et la loi morale qui s'écrit en nous prouve que l'auteur du monde est une puissance morale; la conscience nous donne Dieu. Elle nous suggère un idéal que nous nous trouvons incapables de réaliser, tout en nous rattachant à une volonté trop juste pour rien ordonner d'impossible. Elle nous oblige donc d'avouer que, d'une manière explicable ou non, notre impuissance est notre fait — puis, de chercher un remède à cette impuissance, avec la conviction qu'il existe. Elle nous conduit à la religion où doit s'unir l'humanité, conclusion de notre *Utopie*.

Dans ce petit volume, à défaut d'unité matérielle, on trouvera donc l'unité d'esprit.

7 février 1892.

MON UTOPIE

MON UTOPIE

I

Gillette

OU

LE PROBLÈME ÉCONOMIQUE[1]

Obsédé par de tristes pensées, j'avais erré ɔngtemps sur les plateaux agrestes de ce frais 'unjab où les sources de deux minimes ffluents du Rhône, de trois modestes affluents u Rhin tracent un lacis indéchiffrable, et où ɔ promeneur, débouchant des forêts, voit, suiant le hasard des sentiers, la patrie de Vaud[2] ɔ dérouler en longs rideaux, pour se relever,

[1] Après avoir été lue l'année précédente dans quelques villes isses, cette première partie de l'*Utopie* a paru dans la *Revue Philosophie* du 1er mai 1889. Les deux autres sont inédites.

[2] Ancien nom d'une province de la Bourgogne transjurane is de la Savoie, qui forme aujourd'hui les cantons suisses de ibourg et de Vaud.

comme la vague marine, ici contre le mur noir du Jura, là contre les Alpes crénelées. Las du soleil, je m'endormis sous un poirier sauvage. Etais-je réveillé, dormais-je encore lorsque je me trouvai au bord de la côte, saluant le matin, dont la première flèche dardait entre Branleire et Follièra, sentinelles de la Gruyère ? Je ne comprenais pas comment j'étais arrivé là. Un bonjour cordial interrompit ma recherche inquiète. L'homme qui me saluait était une énigme nouvelle. Cheveux bruns rejetés en arrière, chemise ouverte, brune aussi, mais fort propre, tunique de drap à la Père Enfantin, bottines fortes, mais presque élégantes, où se perdait le pantalon, le costume de cet étrange concitoyen ne donnait point tant à penser que sa figure : un front élevé, creusé vers le milieu d'un sillon perpendiculaire, un œil fouillant la profondeur, les coins tombants d'une bouche fine, ces traits de savant et de poète y contrastaient bizarrement avec un teint hâlé et des mains calleuses.

« Vous plairait-il de vous reposer un instant chez moi ? fit-il ; ma maison est à deux pas, vous y verrez le pays plus à l'aise, car vous avez l'air de venir de bien loin à cette heure matinale. » Sa curiosité semblait presque égaler la mienne, son regard me parcourait de la tête aux pieds, la forme cylindrique de mon chapeau lui donnait à penser. Bientôt, suivant le mouvement de ses yeux, je vis qu'ils se portaient sur ma barbe, et je constatai (sans trop d'émotion) qu'elle avait grandi de plusieurs décimètres et me couvrait comme une sorte de tablier. Nous marchâmes un moment en silence : la surprise, la discrétion nous fermaient la bouche à tous les deux.

Couverte au nord par une éminence, à l'occident par un bouquet de sapins, la maison de mon hôte se détachait sur le bord du plateau ; une longue véranda, dominant un jardin en terrasses, offrait toute commodité pour admirer des splendeurs qui depuis longtemps m'étaient familières. Le côté nord du bâtiment était occupé par une forge, dont la découverte mit le comble à mes étonnements. « Et c'est vous, lui dis-je, qui battez le fer sur cette enclume ! moi qui vous prenais pour un de ces messieurs qui sont toujours dans les livres ! j'aurais quasiment dit un ministre[1], n'était la couleur de vos habits. » Sa bouche

[1] Ecclésiastique protestant ; le *pasteur* est à la tête d'une paroisse.

se crispait, mais les yeux riaient à sa place et je vis qu'il faisait un énergique effort pour réprimer les secousses de son diaphragme. Dès qu'il s'en crut maître, il répondit: « Vous pensez donc, vénérable débris des anciens âges, qu'on ne peut pas étudier le matin et forger le soir? vous datez peut-être de l'époque où le clerc aurait cru déroger s'il avait fait œuvre de ses dix doigts et le noble s'il avait su lire. Nous n'en sommes plus là! Nous mettons le travail cérébral au-dessus du travail musculaire, nous pensons que l'intelligence est le plus précieux des trésors; c'est pourquoi nous nous efforçons de discerner les bonnes têtes, de les signaler, de les utiliser toutes au profit de la société. Et c'est aussi pourquoi nous tâchons de les fortifier et de les conserver le plus longtemps qu'il nous est possible. De votre temps, on savait déjà, sans doute, que la santé de l'esprit ne va pas sans la santé du corps; on savait que la santé n'est que l'équilibre entre la rentrée et la dépense, et la maladie une rupture de cet équilibre; on savait que si le pauvre languit et meurt prématurément par l'effet d'une restauration insuffisante pour le travail auquel il est astreint, l'homme à son aise, en revanche, souffre le plus souvent d'embarras, d'encombrement, d'un ralentissement dans les échanges, d'une oxydation imparfaite des matériaux accumulés par les repas. Contre ces misères du bien-être vous aviez vos jeux de paume, vos jeux de quilles, vos gymnases, vos salles d'armes, vos chaloupes, vos canots, vos bicycles, votre cricket, vos foot-balls, vos chasses au lièvre, au renard, au chamois, au loup, au sanglier, vos rallye-papers, votre alpinisme, travaux fatigants, parfois dangereux, qui ne laissaient rien après eux. Et pourtant vous n'ignoriez pas que, pour être utile à d'autres égards, un labeur ne perd point ses vertus hygiéniques. Dans notre vieille Europe, sans passer l'étang, vous aviez eu déjà vos rois serruriers et vos premiers ministres bûcherons. Nous avons conservé toutes vos formes de sport, nous en avons même imaginé quelques-unes dont le siècle coiffé du carton-peluche ne s'était point avisé, mais passé vingt ans, nous ne les cultivons guère. Nos enfants fréquentent l'école aussi longtemps qu'ils peuvent y apprendre quelque chose, et l'étude proprement dite n'y remplit pas toutes les heures. Chacun y fait l'apprentissage d'un métier ; plus tard nous continuons presque toujours à l'exercer. Ceux qui sont voués aux professions lettrées que vous appeliez — un peu sottement, sauf votre respect — les professions libérales, travaillent de leurs bras, pour varier. Ceux qui tirent d'une occupation manuelle le principal de leur subsistance, lisent, enseignent, écrivent parfois, pour leur amusement, sans en dédaigner le profit. Après quelques essais infructueux, nos pères ont abandonné l'idée d'assurer à tous leurs enfants le même esprit et la même taille ; nous possédons un certain nombre d'hommes d'élite et beaucoup de médiocrités ; néanmoins quelque niveau qu'il lui soit donné d'atteindre, chacun de nous s'efforce d'être un homme complet. Je ne vous garantis pas qu'on y parvienne, mais on y vise. Ainsi travaux de force, travaux d'adresse, travaux d'esprit se partagent en proportions variables cette moitié des vingt-quatre heures que nous ne passons pas à manger, à dormir et à nous divertir.

— A vous divertir ? Juste ciel ! il vous faut encore des divertissements.

— A nous divertir du travail, ou, si le mot vous choque, à jouer, à nous reposer, car vous savez assez que, sauf le cas d'une prostration complète, l'immobilité ne repose pas.

Et se divertir du travail, pour plusieurs d'entre nous, c'est avant tout se recueillir. Nous ne cherchons pas à sortir de nous-mêmes, parce que nous sommes heureux en nous possédant, c'est-à-dire en sentant que Dieu nous possède. Ce qui remplit avant tout nos loisirs, c'est Celui qui nous soutient dans la fatigue. Le culte n'est pas un jeu, si vous voulez, mais ce n'est pas non plus un travail, c'est une joie. Les mots, vieux professeur (d'où savait-il donc que j'étais professeur ?), ont une étrange destinée. Récréer signifie à peu près la même chose que régénérer, il est seulement un peu plus fort. Mais combien ces deux verbes ne se sont-ils pas éloignés l'un de l'autre ! Eh bien, nous essayons de les rapprocher. Qu'elle en soit le but, qu'elle soit le point de départ ou la source, la régénération est toujours au fond des récréations qui nous plaisent. »

Ce maréchal ferrant me semblait terriblement ferré sur l'étymologie, il rendait la grammaire fort édifiante, mais je n'osai pas m'engager dans les grands sujets qu'il venait d'ouvrir. « De mon temps, lui dis-je, l'ouvrier n'avait qu'un métier, il y travaillait toute la journée et s'estimait très heureux lorsqu'à ce prix il pouvait élever une famille, sans que sa compagne fût obligée de travailler aussi pour un salaire.

— Oui, répondit mon favre, mais de votre temps, chaque journée de travail devait fournir aux besoins de plusieurs journées. Vous aviez des oisifs de toute espèce : les propriétaires fonciers, leurs valets et les parasites, les capitalistes, dont l'unique soin était de toucher leurs intérêts semestriels chez le banquier, des fonctionnaires civils, militaires, ecclésiastiques de tout grade, qui s'étageaient au-dessus des producteurs ; puis à côté d'eux ceux-ci trouvaient des compagnons sans travail, pour cause de grève ou de chômage imposé par le défaut de commandes ; à leurs pieds enfin les invalides, les mendiants d'occasion ou de profession, dont on se faisait un devoir d'entretenir la misère, malgré les réclamations de vos économistes et de vos philosophes, qui prétendaient que mourir de faim n'est pas le pire des maux et qu'avant tout il fallait empêcher les incapables de faire souche. Aujourd'hui que chacun a de l'ouvrage et que chacun travaille, une fonction de six heures suffit parfaitement aux besoins d'un homme et de ses enfants dans toutes les professions qui exigent quelque talent, quelque adresse et quelque apprentissage : on se relaie dans les ateliers où le jeu des machines ne souffre pas d'interruption ; ainsi chacun peut jouir du plein air et s'y fortifier par l'exercice sans que la production industrielle en soit affectée. Ceux qui risqueraient, en maniant la hache ou la bêche, de se gâter la main pour des travaux plus délicats, peuvent au moins soigner les fruits et les fleurs, et, s'il leur faut rester à l'établi une ou deux heures de plus que le grand nombre, ils sont d'autant plus libres à la maison.

— Vous avez donc aboli la propriété? Vous avez installé le travail forcé? On en parlait déjà de mon temps, mais nous pensions que ce régime ne pouvait aboutir qu'à la misère universelle, et qu'il ne s'établirait jamais.

— Nous ne sommes pas tombés si bas que cela, respectable ancêtre, quoique nous ayons longtemps côtoyé l'abîme. Le programme communiste n'était pas bien attrayant. Nous possédions déjà des maisons où de trop nombreux pensionnaires échangeaient la liberté de leurs mouvements contre une pitance assurée, sans qu'on leur eût demandé la permission de les y placer. La généralisation de ce régime ne semble pas un but digne de grands efforts, cependant bien des gens s'y seraient pliés de bonne grâce pour le plaisir d'y soumettre ceux dont ils enviaient la position. Mais en pareille matière, la minorité ne se soumet pas aux décrets d'une assemblée: réalisable ou non, l'essai du communisme ne pouvait s'imposer que par une guerre d'extermination. Admirez donc une merveilleuse dispensation de la Providence: Lorsque le suffrage universel amena pour la première fois au palais législatif une majorité favorable aux revendications du prolétariat, cette majorité, d'ailleurs peu considérable, accordait sa confiance à des chefs humains et de bonne foi. Ceux-ci convinrent de faire l'expérience du collectivisme dans un district limité, dont les terres qui n'appartenaient pas encore au domaine public purent être acquises de gré à gré. L'épreuve dura aussi longtemps que le permirent les ressources du canton choisi. Elle échoua complètement, parce qu'il fut impossible de conserver et de renouveler les capitaux. Comment obtenir l'épargne de gens qui ont mis tout en commun dans le but exprès de se procurer une existence plus large et qui trouvent tout au plus ce qu'ils estiment un minimum de bien-être dans la répartition des produits annuels?

On comprit que pour s'infliger à soi-même les privations nécessaires au maintien du capital, il ne suffit pas d'y être intéressé pour quelques millionièmes, mais qu'il faut l'être pour toute son épargne, et que par conséquent l'Etat ne saurait trouver ses capitaux que dans les fortunes particulières. Charger l'Etat d'amasser, lui qui ne savait que grever l'avenir, autant faire garder le chou par la chèvre!

— Mais, alors, si vous avez laissé la richesse aux particuliers, comment n'avez-vous plus d'oisifs ?

— Nous avons bien des rentiers et des rentières, mais nous n'avons guère d'oisifs que les incapables, dont le nombre tend à baisser. La lésinerie et la paresse ne rencontrent chez nous que le mépris, et pour tenir quelque rang dans le monde en vivant de son revenu, il faut une fortune si considérable que la gestion en devient un travail sérieux. Comptez un peu : sur le pied de 1 à 2 francs par heure, le simple ouvrier gagne en moyenne 3000 francs, l'intérêt d'environ 200,000 en titres de sécurité. Vous voyez ce qu'il faut posséder aujourd'hui pour vivre en seigneur.

— A ce compte, en effet, le capital mobilier ne peut plus faire vivre un bien grand nombre de fainéants. Mais la propriété foncière ? Car tout ce qu'a perdu l'intérêt, la rente a dû le gagner. Puisqu'il y a tant de capital et tant de travail disponibles, l'agriculture doit avoir été singulièrement perfectionnée, et réellement je crois en voir des indices, même sur ces pauvres hauteurs, qui m'ont toujours paru si belles.

— Ne dites point belles mais plaisantes ! Dans la langue de nos campagnes, un beau pays c'est un pays gras ; elle nomme plaisants ceux où, comme ici, l'air est vif et l'horizon vaste.

— Restons à notre sujet, je vous en supplie. Avec l'abondance du capital dont vous tirez gloire, la rente doit s'être énormément accrue ; les propriétaires du sol sont vos maîtres, car enfin sans eux vous ne pouvez rien.

— Si l'agriculture a fait les progrès que vous soupçonnez, et réellement elle en a fait de considérables, c'est que le sort n'en dépend plus de particuliers ignorants, endettés, sans avances, jaloux les uns des autres et toujours prêts à se contrecarrer. La propriété foncière n'existe plus qu'à titre exceptionnel et inoffensif, ainsi pour les habitations, aussi longtemps qu'elles sont occupées par la même famille, mais non pour les terres de rapport ou pour les chantiers, ni même pour les maisons locatives, dont l'impôt varie avec les mouvements de la rente foncière. Nous considérons la propriété comme un effet et comme une garantie de la liberté. Chacun est propriétaire de son œuvre, parce qu'il est propriétaire de lui-même. Il peut donner, vendre, léguer ce qui est à lui. Mais ce qu'il n'a point fait et qu'il ne tient point de ceux qui l'on fait n'est pas à lui. La propriété du sol n'a jamais existé nulle part qu'en vertu des lois de l'Etat, et les lois ne doivent plus rester en vigueur lorsqu'elles ont cessé d'être utiles. Nécessaire à son jour pour assurer une meilleure culture des champs répondant aux besoins d'une population croissante, nécessaire alors et par conséquent légitime, la propriété du sol ne fonctionnait plus bien : nous l'avons rachetée. Quelques théoriciens parlaient de la confisquer. C'eût été spoliation toute pure : une fois les terres dans le marché, elles représentaient le produit du travail pour la totalité de leur valeur, et par conséquent une propriété légitime relativement à leur possesseurs. Mais le droit de l'Etat à les racheter n'était pas contestable d'après la législation existante. Chacun est demeuré où il était ; les propriétaires ont reçu en obligations du Trésor l'équivalent capitalisé de ce que leur terrain rapportait en moyenne, et ceux qui l'ont désiré sont restés fermiers de l'Etat, sans qu'on puisse les déposséder, eux ni leurs familles, sinon contre indemnité spéciale, aussi longtemps qu'ils satisfont aux conditions du contrat. Mais le taux des fermages est révisé tous les dix ans.

— L'établissement d'un te régime a dù coûter beaucoup de sang.

— Les résistances n'ont été ni bien vives ni bien tenaces, parce que lorsqu'on a proposé des mesures législatives, la liberté de la terre avait déjà gagné son procès dans l'opinion. Le mouvement, commencé par la force des choses, s'est propagé par imitation ; les succès obtenus ailleurs ont conduit à nationaliser la terre même dans les pays qui pouvaient, à la rigueur, s'en passer.

— Et cette force des choses, où s'est-elle manifestée en premier lieu ?

— Vous n'ignorez pas, mon père, de quelle façon les Anglais ont traité l'Irlande, comment les cultivateurs du sol ont été expropriés, le plus souvent au profit d'étrangers, et quelquefois au profit des chefs de clan les plus prompts à se soumettre; vous savez comment les Anglais ont détruit systématiquement l'industrie de l'île sœur. Vous savez que les pauvres Irlandais, n'ayant pour subsister qu'un morceau de terrain concédé à titre précaire, n'en pouvaient tirer qu'une nourriture insuffisante; si bien que, vers le milieu du XIXe siècle, une seule famine en fit disparaître à peu près le tiers. Vous savez que, réduits à l'extrémité, ils prétendirent arrêter eux-mêmes le chiffre de leurs fermages, que les efforts tardifs, mais sincères, du gouvernement anglais ne réussirent point à rétablir l'harmonie entre les seigneurs terriens et les tenanciers. La guerre civile était en permanence. Cet état de choses eut pour effet une très forte émigration d'Irlandais en Amérique, où chaque parti s'efforça de se concilier les suffrages de ces nouveaux citoyens, dont l'unique désir était d'affranchir et de venger leur ancienne patrie. Mais, par le mouvement naturel des choses, chaque année augmentait la prépondérance des Etats-Unis. La situation finit par devenir si menaçante que la nécessité de pacifier l'Irlande à tout prix s'imposa au Parlement anglais, dont l'extension progressive de la franchise électorale avait peu à peu modifié sensiblement la composition. Après un essai de constituer une classe d'agriculteurs propriétaires, qui n'aurait pu réussir qu'à la condition de fournir un capital à chaque famille et dont le succès même aurait infailliblement éternisé le prolétariat, le Trésor anglais racheta la terre irlandaise et consentit à de longs baux qui permissent à l'agriculteur d'épargner quelque chose et d'utiliser son épargne à l'amélioration de ses champs. Alors on vit bientôt se réaliser les prévisions de ceux qui avaient combattu cette liquidation d'un passé déplorable. Le bien-être et la liberté nouvelle du fermier parcellaire irlandais donnèrent à penser aux montagnards du Sutherland et aux journaliers du Devonshire. Ils se dirent qu'après tout, pour être un peu plus anciens, les titres des lords anglais n'étaient pas essentiellement supérieurs par leur origine à coux des propriétaires de l'autre côté du Canal. On comprit qu'un régime où quelques messieurs peuvent requérir la force armée pour chasser un peuple entier du pays natal, en vertu du droit qu'ils possèdent d'user de leur propriété comme il leur plait, n'est pas un régime normal. On comprit qu'un tel droit n'est pas le droit; et, sans racheter toute la Grande-Bretagne comme on avait fait de l'Irlande, l'Etat frappa de tels impôts sur les terrains en friche, il intervint si péremptoirement dans les contrats entre le seigneur et le tenancier que son domaine éminent devint bientôt la propriété effective, et qu'au point de vue économique, le propriétaire nominal ne fut plus guère entre le cultivateur et le Trésor qu'un intermédiaire, toujours autorisé, d'ailleurs, à se liquider et à disparaître lorsqu'il y trouverait son avantage.

— Je commence à vous comprendre. Lorsque je me suis .. endormi, on parlait déjà beaucoup de la nationalisation du sol. Henry George aux Etats-Unis, en Angleterre, Russell Wallace, naturaliste de grand renom, l'un des pères de l'évolutionnisme, qui faisait alors beaucoup de poussière, Colins sur le continent, préconisaient cette mesure ; mais on n'y faisait pas grande attention. Leurs adversaires affectaient d'englober cette question dans celle de la propriété personnelle en général. A vrai dire, on ne prenait pas la peine de les réfuter, on levait les épaules, ou, lorsqu'on commençait à s'inquiéter, on menaçait.

— Ce que vous me dites ne me surprend pas ; la thèse de l'appropriation exclusive du sol à titre permanent ne se présente pas bien sur le terrain de la doctrine pure. Le poignard et la corde étaient les vrais arguments contre les fils de Cornélie.

— Les fils de Cornélie. Dieu que c'est littéraire! mais n'est-ce pas un peu pédant?

— Pédantesque, s'il vous plaît, pédantesque! mais pédantesque ou non, vous me comprenez : ces grands messieurs plébéiens de Rome, Tibérius et Caius Gracchus, voulaient contraindre les patriciens à restituer les domaines qu'ils s'étaient taillés dans les terres de l'Etat, *ager publicus*, et ils en furent les mauvais marchands. Eh bien! au fond, tous les domaines privés quelconques sont partout taillés dans les terres de l'Etat. La propriété de la terre et la domination sur les personnes sont de leur nature inséparables; car il n'y a point de travail ni d'existence possibles sans la faculté d'habiter et d'agir quelque part, comme il n'y a pas de liberté possible si cette faculté n'est pas garantie. Aussi bien ne trouvons-nous, en remontant à l'origine des domaines particuliers, que des concessions de l'Etat temporaires ou perpétuelles, à titre gratuit ou à titre onéreux, puis des usurpations faites sur l'Etat ou sur ses concessionnaires. Les familles entre lesquelles s'est trouvé partagé le territoire ont exercé l'autorité, soit individuellement, soit collectivement ; et quand, ensuite du développement des villes et de l'industrie, le pouvoir politique a réellement cessé de leur appartenir, les titres de la propriété foncière se sont trouvés mis en question par le fait même. La propriété du sol et la propriété privée en général, qui ont eu si longtemps les mêmes défenseurs et les mêmes adversaires, reposent sur des principes absolument différents, pour ne pas dire opposés : la propriété mobilière, c'est la libre disposition de mon travail, c'est une question de liberté, c'est une question de droit naturel. Et la distinction que faisaient les collectivistes entre l'objet de consommation, qui peut être approprié, et le capital, qui ne pourrait pas l'être, n'est défendable ni dans son principe — parce que tous deux ont la même origine, ni dans sa fin — parce qu'elle aboutit à l'esclavage universel. La propriété du sol, en revanche, est une question de droit positif, c'est-à-dire une question de convenance, une question d'utilité, et finalement une question de force [1].

[1] Cette différence entre la propriété foncière et la propriété mobilière se trouve parfaitement caractérisée dans le nouveau code de Serbie, cité par M. Ch. Gide dans ses *Principes d'Economie politique*, 2e édition, p. 490 : « Le droit de propriété sur les pro-

— Aussi conçois-je bien que la terre ait fait retour à l'Etat dans les pays où les propriétaires fonciers étaient peu nombreux; mais dans ceux où ils conduisaient la charrue de leurs propres mains, comme ils le faisaient ici même, dans ceux où ils étaient le nombre et la force, l'armée et la loi, alors je ne comprends plus du tout.

— Un tel changement n'était pas possible en effet, aussi longtemps que le paysan n'y trouvait pas son compte lui-même; mais si les trop grands domaines sont mal cultivés, les trop petits morceaux deviennent incultivables. En avilissant le prix des récoltes, la concurrence de l'étranger oblige le laboureur à perfectionner ses procédés : il faut réunir les parcelles pour y tracer un sillon, et l'agriculture devient sociétaire. On a résisté longtemps à cette évidence ; il a fallu finir par y céder. Et cela n'a pas suffi. L'agriculture ne peut se protéger qu'en renchérissant la subsistance de l'ouvrier. On ne pouvaitpas y songe. dans ce pays. Abandonner le travail des champs ou

duits et les meubles acquis par les forces humaines est fondé sur la nature même et établi par les lois naturelles. — Le droit de propriété sur les immeubles et sur les fonds cultivés est assuré par la constitution du pays et par les lois civiles. «

leur faire rendre davantage : telle était l'alternative, et toute augmentation de production sérieuse exigeait des connaissances que le simple paysan ne pouvait pas acquérir, des capitaux qu'il ne savait où prendre, enfin des travaux collectifs de canalisation, d'irrigation, d'endiguement, de desséchement et tant d'autres, trop considérables pour un Trésor dont l'impôt formait l'unique ressource.

Quand le cultivateur aurait été propriétaire en fait comme il l'était nominalement, je ne pense pas que la réforme eût jamais abouti ; mais s'il ne trouvait pas de prêteur pour acheter des machines agricoles et des engrais chimiques, c'est que ses terres étaient hypothéquées pour la totalité de leur valeur décroissante. Et quels étaient les détenteurs de ces créances ? Des crédits fonciers, des banques publiques dont l'administration appartenait à l'Etat. Lorsque l'opinion, excitée par les succès obtenus ailleurs, commença à se prononcer dans le sens du rachat des terres, le public, sinon l'Etat, s'en trouvait déjà propriétaire plus qu'à moitié ; il s'agissait moins d'opérer la révolution que de l'avouer, de la régulariser et d'en tirer parti. On en avait déjà les inconvénients, il était temps de s'en procurer les avantages.

C'est ce qui explique comment il y eut si peu de résistance, et comment l'Etat trouva le crédit nécessaire à cette immense opération. On ne racheta d'ailleurs que ceux qui le voulaient bien. ou qu'on pouvait forcer à se liquider par l'application des lois antérieures. Pour tous les autres, on attendit, en prenant les droits de mutation sur les biens-fonds non plus en argent, mais en nature, autant que cela pouvait se faire sans détriment pour le reste des héritages, en limitant l'aptitude à succéder des collatéraux quant aux immeubles, en accordant à l'Etat le droit de préemption et en prenant les mesures nécessaires pour que le propriétaire d'un fonds enclavé dans le domaine public ne pût pas en gêner l'exploitation. La propriété privée de la terre n'est plus aujourd'hui qu'une exception qui tend à disparaître et ne confère plus de privilège. Le sol arable est divisé en fermes de diverses grandeurs, exploitées soit par des familles, soit par des associations d'agriculteurs, qui s'en partagent les produits.

— Mais alors, docte forgeron, si votre agriculture perfectionnée exige tant de connaissances et tant d'appareil, tout le profit doit aller aux capitalistes et aux entrepreneurs qui font exécuter les travaux sous leur direction moyennant salaire.

— Non, vieillard, celui qui voudrait travailler ainsi de nos jours n'y trouverait pas son avantage. La main-d'œuvre reviendrait trop cher. Chacun ayant où s'occuper à son compte ne fait de journées au profit d'autrui que moyennant un salaire supérieur à ce qu'il aurait pensé gagner dans sa propre affaire.

— Ce n'est donc plus le salaire qui fournit à l'ouvrier son entretien ? De mon temps, on s'agitait aussi contre lui dans quelques cercles; mais cette opposition de cabinet ne semblait pas de taille à réaliser jamais ses utopies. Quant aux ouvriers, les plus ambitieux, s'ils étaient habiles, parvenaient à s'établir, pour bénéficier à leur tour d'une mieux-value sur le travail de leurs anciens compagnons. La masse ne comprenait pas d'autre moyen de subsister que la paie de la semaine; les ouvriers allemands, les Belges, beaucoup de Français auraient voulu que l'Etat devînt l'unique patron. Les Anglais et les Américains n'avaient pas foi dans cette centralisation de l'industrie et se bornaient à s'associer pour débattre le montant des salaires avec leurs maîtres ; tandis qu'ils réclamaient l'intervention des gouvernements pour limiter la durée du travail dans les usines et sur les chantiers. Des ouvriers étaient parvenus à diminuer leurs frais d'entretien en faisant concurrence aux revendeurs avec des magasins dont ils étaient propriétaires eux-mêmes, et qu'ils appelaient coopératifs; mais la coopération de production ne jouait qu'un rôle très effacé; les simples ouvriers qui avaient essayé de s'associer pour l'exercice de quelques industries avaient échoué presque constamment par défaut de crédit, de direction, de discipline ou d'économie. Cinq à six ouvriers sûrs les uns des autres réussissaient quelquefois à monter de petites affaires, et, lorsqu'ils échouaient, les pertes n'étaient pas considérables; mais l'association coopérative proprement dite ne pouvait pas s'attaquer à la grande industrie, qui exige des millions d'avances, qui occupe des milliers de bras et qui défie toute concurrence par le bon marché de ses produits. Cependant quelques exceptions fameuses prophétisaient déjà les révolutions dont vous m'informez. De leur côté, certains patrons avaient essayé d'associer tout ou partie de leurs ouvriers à leurs bénéfices, sans abandonner la propriété et la direction souveraine de leurs entreprises.

Quelques-uns avaient brillamment réussi ; plusieurs avaient abandonné ce système au bout de peu d'années, soit qu'ils n'eussent pas obtenu de leurs ouvriers la reconnaissance qu'ils croyaient avoir méritée, soit qu'ils aient reculé devant l'humiliation de n'avoir rien à partager à la fin d'une campagne malheureuse.

— Ces tentatives, monsieur, n'ont pas été perdues. Ce qui, de votre temps semblait un rêve est devenu la réalité. Nous avons, je vous l'ai dit, écarté le collectivisme, l'intérêt personnel du travailleur est resté le mobile de la production ; mais toute notre industrie est sociétaire aussi bien que notre agriculture. L'Etat n'est chez nous, pour ainsi dire, qu'une association d'associations. Tous les ouvriers d'une mine ou d'une fabrique en sont plus ou moins copropriétaires. Le capitaliste est tantôt simple créancier moyennant un intérêt fixe, tantôt actionnaire pour son capital ; le directeur, les gérants, les hommes de main sont actionnaires pour le montant de leur épargne, et cette épargne commence automatiquement dès le jour de leur entrée dans l'établissement social. Seuls, les auxiliaires de quelques jours touchent intégralement le prix de leur journée; ceux qui sont agréés pour une occupation permanente subissent une retenue qui se capitalise à leur profit dans la maison. Quant à la direction, au commandement et à la discipline, l'organisation en varie dans chaque affaire suivant son origine et sa nature. La coopération, la participation des ouvriers aux bénéfices, qui en est l'avenue, se partagent le champ de l'industrie et se combinent suivant des modes que l'expérience a ramenés à quelques types définis.

— Et comment, je vous prie, un tel régime a-t-il pu s'établir.

— Par la volonté des ouvriers, qui est devenue toute puissante du moment où ils sont parvenus à s'entendre. Le suffrage universel a placé le riche à la merci du pauvre et commis à l'ignorance la charge de la civilisation. Il eût mieux valu sans doute laisser le gouvernement de la société entre les mains des classes instruites et fortunées, si les savants et les riches avaient jamais gouverné dans l'intérêt du grand nombre et non dans leur intérêt particulier; mais toujours et partout, on a vu les privilégiés user de leurs prérogatives pour les affermir et pour les étendre. Il a fallu que le peuple prît en main lui-même le soin de ses affaires. Il a voulu qu'on l'éclairât, et les progrès de l'instruction l'ont amené graduellement à l'intelligence de ses intérêts économiques. Quatre millions d'hommes étaient casernés en Europe à la fin du XIXe siècle; les inventions meurtrières, renchérissant l'une sur l'autre, se succédaient de jour en jour. Une conflagration universelle paraissait imminente, lorsqu'on s'avisa dans les Cabinets que, pardessus la frontière, les petits s'étaient entendus et que la mobilisation serait pour l'agresseur un préliminaire infranchissable. Cette conviction, péniblement acquise, jeta du froid dans les états-majors : les désarmements commencèrent avant qu'on eût réglé ces questions qui semblaient si graves et qui réellement l'étaient si peu. Les budgets désenflèrent. Un grand nombre de jeunes gens retournèrent au travail. Les populations, moins pressurées, purent satisfaire un peu mieux leurs besoins, et la production, depuis longtemps languissante, y recouvra quelque activité. Cette reprise du travail accrut la puissance des travailleurs. Après bien des refus, bien des mépris, bien des échappatoires, leur pression uniforme finit, grâce à l'importance que tous les partis attachaient à leurs suffrages, pour arracher aux gouvernements la convocation d'une Conférence où la journée de huit heures fut arrêtée en principe, conformément à des vœux déjà fort anciens. Cette victoire, loin de mettre fin au procès, lui imprima une impulsion nouvelle. Comme un plus grand nombre de mains devenaient nécessaires pour mettre en œuvre les même machines et fournir la même quantité de produits, la position des ouvriers vis-à-vis des patrons se trouva fortifiée. Renonçant à lutter contre l'abaissement des salaires lorsque les derniers travaillaient sans bénéfice ou même à perte, ils savaient déjà manier si bien la grève à chaque reprise des commandes, que le plus clair des profits tombait dans leur poche. C'est alors que le régime de la participation aux bénéfices s'offrit comme une planche de salut aux capitalistes découragés. Très mal vu des chefs de l'industrie aussi longtemps qu'ils furent vraiment les maîtres chez eux, ce système devint populaire là mesure que l'accord pacifique des ouvriers mettait les entrepreneurs dans leur dépendance. Sans la prévoyance et la générosité de quelques patrons sortis des rangs du peuple la participation n'aurait jamais pénétré dans la grande industrie; mais ce n'est pas à la générosité des patrons qu'elle doit son adoption générale, c'est au bon sens et à la fermeté de la classe ouvrière. Guéris des honteuses chimères du collectivisme, convertis à l'économie par le succès des sociétés de coopération et de tempérance, les ouvriers finirent par s'apercevoir que la hausse indéfinie des salaires était non seulement un but illusoire, mais un but mesquin ; ils comprirent que l'enjeu véritable de la partie était leur liberté, et que l'avenir de leurs enfants, l'avenir de leur classe et du monde importait plus que trois francs additionnels à dépenser au cabaret chaque semaine. Sentant que la participation les élevait à la propriété et à l'indépendance, ils ne voulurent plus travailler sous d'autres conditions. Une fois les ouvriers convaincus que la liberté n'était pas un trésor insaisissable, mais une conquête possible, ils n'eurent plus à lutter longtemps pour l'atteindre.

— Comment cela ?

— Tout naturellement, monsieur. Quand la participation ne se présenta plus comme un don gratuit, une faveur exceptionnelle, mais comme un nouveau régime industriel qui s'établissait vis-à-vis de l'ancien ; quand les mai sons constituées sur ce pied se trouvèrent en concurrence les unes avec les autres, il leur fallut renchérir les unes sur les autres pour conserver leurs bons employés; il leur fallut compter avec des défiances qui n'étaient pas toujours sans quelque fondement. Il fallut instituer un contrôle, des vérificateurs officiels du bilan. D'ailleurs, les bénéfices distribués grossissaient naturellement le capital de la maison, les ouvriers devenaient actionnaires ou commanditaires, et les patrons se transformaient en gérants. Ainsi, nombre de maisons où la participation s'était introduite se développèrent en sociétés coopératives de production, du vivant même des anciens chefs et sous leurs auspices, mais surtout lorsque les patrons qui avaient établi le partage des bénéfices mouraient ou se retiraient sans laisser d'enfants en état de les remplacer. Par ce chemin, le travailleur est rentré en possession de son outil, et la propriété, sans laquelle il n'y a pas de liberté possible, est devenue universelle dans l'association. Le vieux système ne subsiste qu'à titre exceptionnel, dans les maisons auxquelles la possession de quelque monopole permet d'offrir à des agents peu nombreux des rénumérations très élevées, et qui tiennent par-dessus tout à ne mettre personne dans le secret de leurs affaires.

— Mais comment le travail coopératif a-t-il surmonté les deux grands obstacles qui s'opposaient à son essor : l'absence des capitaux et le défaut d'une direction intelligente?

— Par l'instruction, vénérable patriarche, par l'épargne et par la solidarité. Le suffrage universel, disait mon père, fut un saut dans les ténèbres; il faillit anéantir l'humanité sur cette planète: il la sauva. Lorsque le gouvernement issu du suffrage universel eut compris que l'affranchissement pacifique du travailleur était sa tâche, tout devint facile. De même que nos voisins se fabriquaient des ingénieurs et des professeurs en donnant gratuitement une instruction supérieure aux enfants pauvres dont les concours avaient révélé les aptitudes, des séminaires professionnels fournirent des chefs d'atelier et des maîtres commerçants. Ces têtes avaient besoin de bras, les bras avaient besoin de têtes, bras et têtes besoin d'argent, l'argent, besoin de profits : on se chercha, on s'entendit, on fit des accords équitables. Les associations ainsi formées ne laissaient pas d'offrir quelques garanties matérielles dans l'épargne antérieure des associés, et ceux-ci restant débiteurs solidaires des engagements de l'entreprise, cela suffit pour décider les capitaux en quête d'emploi.

— Ainsi chacun reçoit aujourd'hui la valeur intégrale du travail qu'il exécute ?

— Approximativement, oui. Du moins avons-nous éliminé les deux monopoles sous lesquels gémissaient nos pères, celui du propriétaire terrien et celui de l'entrepreneur.

— Et chacun travaille ?

— Tous ceux qui le peuvent ou presque tous. Pour trouver exclusivement dans le revenu de ses capitaux les moyens de mener une vie agréable et décente, il en faut une accumulation si considérable que la seule gestion en constitue un travail assez pénible et grandement apprécié.

— Que voulez-vous dire ?

— J'entends que les riches qui capitalisent sont considérés comme des citoyens utiles et comme des bienfaiteurs de leur pays.

— Saint Harpagon, alors ! Et quand votre Eglise célèbre-t-elle sa fête ?

— Au temps des semailles, cher monsieur. L'épargne du riche est jusqu'ici le seul moyen découvert pour conserver et pour accroître les capitaux mis en œuvre par l'agriculture et par l'industrie. L'affluence des capitaux fait baisser le taux de l'intérêt, et c'est l'avilissement de l'intérêt qui a fait surgir le crédit personnel et rendu possible le succès de l'association coopérative, concurremment avec l'instruction perfectionnée des ouvriers, leur relèvement moral par la tempérance, et l'esprit de solidarité produit en eux par ce relèvement. Honorez donc celui qui épargne des trésors à la société, réservez vos mépris pour ceux qui les gaspillent. Avec l'égalité des fortunes nulle épargne sérieuse ne serait possible, à moins que tous les chefs de famille ne fussent des sages et des héros. Les grandes richesses n'étaient pas un mal économique par elles-mêmes, mais par le mauvais usage que beaucoup de riches en faisaient. A ce fléau, l'opinion publique a porté remède. S'il faut énormément d'argent aujourd'hui pour vivre de ses rentes en personne de qualité; en revanche, un assez grand nombre en pourraient tirer une existence tolérable encore; mais ils seraient mal vus et ne sauraient comment passer leur temps. Ce genre de vie ne convient qu'aux hommes d'étude. La mode a changé, le monde a changé. Les élégances de l'oisiveté ne trouvent plus d'admirateurs. Celui qui voudrait passer ses journées dans les cercles, dans les salons et dans les promenades serait mis à peu près au rang de l'ivrogne qu'on ramassait autrefois dans les fossés.

— Autrefois ! Ne se grise-t-on plus aujourd'hui ?

— Non, ce n'est plus admis. Bacchus avait jadis des autels dans ce pays, ils sont abattus. La réforme a commencé, dit-on, par les gens du monde. Les bourgeois ont imité, la religion s'en est mêlée et, finalement, on ne boit plus de vin qu'aux repas. L'épargne de ce chef, et le goût pour l'épargne et pour l'ordre qu'a fait naître la sobriété, ont apporté à la classe ouvrière un bénéfice incalculable. C'est une des causes principales de la réforme sociale qui paraît vous étonner si fort.

— Je comprends que, si vous n'avez plus d'armée et plus de cafés...

— Pardon, nous avons encore des cafés ; ce n'est pas de café qu'il s'agit, mais de vin.

— De mon temps, une guinguette portait ici le nom de café[1].

[1] Dans les cantons suisses de langue française, *café* est effectivement le nom qui sert d'enseigne aux débits de vin, dont le tenancier prend le titre de *cafetier*. Dans la langue parlementaire et la conversation polie, ce débit s'appelle un *établissement*, soit par une sorte de pudeur, soit plutôt que le cabaret soit considéré comme l'établissement par excellence.

— Parce qu'on y prenait du vin blanc et de l'eau-de-vie?

— Oui, parce que, dès le matin, on y prenait du vin blanc et de l'eau-de-vie. Si vous n'en usez qu'aux repas et si chacun fait œuvre de ses mains, je conçois qu'avec six heures de travail vous procuriez l'aisance à votre famille; puisqu'autrefois un travail de douze heures devait fournir le nécessaire à deux, et qu'alors le militaire et la boisson faisaient presque la moitié de notre dépense. Je comprends aussi que chacun travaille si l'on ne sait plus où tuer le temps; néanmoins la généralisation du travail corporel confond mes idées. De mon temps, chacun s'efforçait d'y échapper; aussi les bureaux étaient-ils assiégés.

— Précisément, bon vieillard, les bureaux étaient assiégés, les chaires ne l'étaient pas moins. L'offre de travail intellectuel devint si abondante que le prix en baissa misérablement; un bon mécanicien gagnait autant que tout le personnel d'un collège. Les professions savantes y perdirent le reste de leur prestige.

— J'entends, monsieur le forgeron; j'ai même vu commencer ce déclin. Aussi les familles bourgeoises tournaient déjà leurs enfants vers l'industrie pour faire valoir leurs capitaux ; mais ces messieurs meuniers et cordonniers ne songeaient pas à travailler de leurs propres mains.

— Ils prétendaient ainsi diriger un travail sans le connaître ; c'était jouer un jeu dangereux pour leur autorité comme pour leur bourse.

— De mon temps déjà l'on sentait l'infériorité d'un patron né dans la pourpre vis-à-vis de celui qui avait passé par tous les grades. Aussi les industriels bien avisés faisaient-ils faire un apprentissage à leurs héritiers.

— Et voilà, monsieur, la transition. Quand on a manié la lime et le rabot soi-même dans un atelier, on ne tient plus ses anciens camarades pour des êtres d'une autre espèce. Il n'y a plus ici de carrières honorables et de métiers dégradants. Le travail manuel est aussi bien payé, sinon mieux payé que l'autre ; le perfectionnement des outils et des machines, l'abrègement des journées l'ont rendu presque agréable et ont permis à l'ouvrier de se cultiver. Enfin la disparition graduelle des rentiers et des pensionnaires du Trésor ont obligé nombre de gens à se créer des occupations lucratives que la plume et l'épée ne fournissaient plus.

— Vous m'ouvrez les yeux. L'action convergente de toutes ces causes devait amener effectivement cette combinaison du travail musculaire et de l'étude, cet exhaussement du niveau des manières et des connaissances que j'admire en vous, mon cher hôte.

— Il parait bien que la chose était possible puisqu'elle est arrivée; mais cette révolution ne s'est pas faite toute seule, à ce qu'on m'a dit.

— Et avec tant de travail, avec tant d'épargne, vous n'avez pas d'arrêts dans les affaires, pas d'excès de production ?

— Non ; depuis qu'il n'y a plus de douanes, depuis que les nations ne sont plus occupées à guetter le moment de se précipiter sur leurs voisines, chaque pays cultive les industries auxquelles son climat et le caractère de ses habitants le rendent plus propre. La concurrence internationale a perdu le caractère excessif qu'elle avait du temps de la guerre; la statistique fait connaître approximativement les besoins et l'on produit en conséquence. A l'intérieur de chaque pays, les groupes exploitant la même branche sont associés, ils se partagent le marché sans chercher à s'entre-détruire, comme on le faisait lorsqu'un seul homme pouvait gagner quelques millions d'écus par année en faisant travailler pour son profit exclusif plusieurs milliers de ses semblables. Aujourd'hui, l'attrait est moindre, l'ouvrier qui discute et vote les règlements de son groupe ne s'impose pas un travail excessif, et nous n'avons pas de surproduction. Du reste, je me demande si la surproduction dont on se plaignait de votre temps était bien réelle. Quand le mètre de calicot se vendait cinq sous, tout le monde avait-il de bonnes chemises?

— Non, forgeron curieux, tout le monde n'avait pas de bonnes chemises. On soupçonnait même aucuns de n'en pas avoir du tout.

— Voilà le point, sage vieillard, voilà le point! (Il m'appelait sage vieillard sans y mettre la moindre malice.) Tandis que les marchandises s'entassaient dans vos magusins, une classe fort nombreuse était incapable, malgré leur bas prix, de s'en procurer en suffisance, parce que les salaires qu'elle touchait lui donnaient à peine un morceau de pain, tandis qu'une autre, ne trouvant aucune occupation lucrative, végétait aux dépens de la charité publique. Aujourd'hui que tous sont occupés et que nul ne peine au delà de ses forces, tous les travaux sont assez rétribués pour rendre un certain confort accessible à ceux qui s'en chargent ; de sorte que si les diamants, les dentelles et le clos-vougeot ont baissé de prix parce que la demande en est ralentie, il ne manque jamais d'ouvrage pour le menuisier, pour le quincaillier, voire pour l'orfèvre, pas plus que pour les tisseurs de chanvre, de laine et même de soie.

— Dans mon siècle, monsieur, ceux qui voulaient acheminer la société vers une condition semblable passaient pour des fous, tout simplement.

— Parfaitement ! chacun trouve en son cerveau la mesure du possible, et les gens qui pensent sont des fous pour ceux qui ne pensent pas. Mais, croyez-moi, bon vieillard, ceux qui déclaraient impossible l'affranchissement du travail et l'avènement de l'humanité ne pensaient pas tout ce qu'ils disaient, et plusieurs de ceux qui croyaient sincèrement à cette impossibilité ne s'en affligeaient pas trop : ils y croyaient parce qu'ils voulaient y croire. Ils ne se souciaient pas du tout d'un monde où leur faste ferait sourire, d'un monde où il faudrait traiter en égal le premier venu.

où ils n'auraient plus personne à commander ni personne à protéger, où ils ne trouveraient plus de serviteurs ni de servantes pour tous leurs caprices. Non certes, la maison du genre humain ne s'est pas bâtie toute seule, la liberté dont nous jouissons n'est pas l'inévitable résultat d'une évolution naturelle et n'est pas sortie d'un décret du gouvernement. Il a fallu, pour l'atteindre, convertir bien des préjugés, surmonter bien des mauvais vouloirs. Il a fallu suivre l'école du renoncement et du sacrifice. Il a fallu vivre de foi. Les Leclaire, les Godin, les Boucicaut, ces insensés morts millionnaires après avoir assuré l'avenir de leurs collaborateurs sont les premiers saints de notre calendrier. Encore n'auraient-ils probablement conquis aucun résultat durable, les efforts de ces glorieux parvenus, si quelques hommes nés dans l'opulence, comprenant enfin l'objet sérieux de la charité, que plusieurs d'entre eux gaspillaient dans des œuvres sans portée, n'avaient répudié l'intérêt de leur classe en fournissant à nos devanciers les moyens de lui arracher ses privilèges. Gloire à ces traitres ! De tous les ennemis qu'il a fallu combattre, savez-vous quel était le plus redoutable ?

— Je crois le deviner, c'était le luxe.

— Oui, le luxe, que des sophistes sans entrailles, apologistes intéressés d'une société corrompue, préconisaient comme le ressort du travail et de l'invention, le luxe, où tous les myopes voyaient un des principaux moyens de faire aller le commerce et l'industrie et que d'honnêtes seigneurs s'infligeaient comme un devoir de leur position, le luxe, qui, ralentissant l'accumulation des capitaux, maintenait un taux d'intérêt fatal aux entreprises et renchérissait les articles de consommation nécessaire, en employant à des futilités les plus habiles travailleurs.

— Et comment avez-vous eu raison du luxe sans recourir à la confiscation ? Par des lois somptuaires ?

— Non, mais par la tribune, par la chaire, par l'école, par le journal, en un mot par la lumière. Les idées, voyez-vous, ce n'est pas tout, mais c'est quelque chose : elles ne font rien toutes seules, mais sans elles, il ne se fait rien. Quand les enfants de la rue ont compris que le luxe leur faisait du tort, il a fallu le cacher, et dès qu'il fallait le cacher, il perdait les trois quarts de son charme. Quand les riches eux-mêmes ont su qu'en augmentant leur fortune ils rendaient un service à la société, tandis qu'ils lui nuisaient par toute dépense inutile; quand les idées de luxe et de vice ont été bien associées dans l'opinion, la partie a été gagnée, dans la mesure où il était nécessaire qu'elle fût gagnée. Du moment où les ministres de la religion ont eu le courage de s'attaquer à la vie réelle, leur propre crédit s'est raffermi et les classes de la société entre lesquelles ils forment un trait d'union ont tempéré leur antagonisme. Les femmes ont beaucoup fait pour ce rapprochement sans lequel toute réforme était impossible.

— Ah ! les femmes, quelle place... »

Une douleur subite me réveilla. Ce n'était pas le gland de Garo, c'était un *blesson*[1] qui m'avait frappé. Je me levai et je repris le chemin de la ville, songeant à mon rêve.

[1] Poire sauvage.

MON UTOPIE

II

Turin.

ou

LE PROBLÈME SOCIAL

Il y a tantôt quinze ans de cela, le train de Modane arrivait à Turin vers cinq heures de la matinée. Celui de Gênes ne partait qu'à huit. On était à la fin de mars et pourtant des tas de neige bordaient encore les chemins, la température était glaciale. En attendant le jour nous trouvâmes un abri dans une église où quelques lampes allumées devant les autels répandaient un peu de chaleur et de lumière. L'hospitalité de Dieu nous parut douce. Quelques femmes du peuple priaient à genoux, rien que des femmes.

Aux heures du culte public, le nombre des femmes nous parut l'emporter de beaucoup sur celui des hommes en Italie; nous avions constaté une proportion des sexes toute semblable en France, en Suisse, en Allemagne. Dans les temples protestants, qui semblent être moins la maison de Dieu que la maison de son ministre et ne s'ouvrent que pour le sermon, les trois quarts des auditeurs sont des femmes. Autant que nous avons pu l'observer, les choses se passent à la maison à peu près comme à l'Eglise et l'on ne se risque pas beaucoup en disant qu'au moins dans l'Europe continentale, le sexe féminin est le sexe dévot, ou si ce mot déplaît, le sexe religieux. L'observation peut-elle être généralisée? Nous ne savons, et cette ignorance nous pèse : il est dangereux d'élever une théorie sur une base d'observation trop étroite, un simple fait suffit pour bouleverser l'édifice, mais en cas pareil, le principal dommage tombe sur le raisonneur, le public n'y perd pas grand'chose, peut-être même n'y perd-il rien, car la critique des erreurs est indispensable à l'acquisition des vérités. En attendant les informations qui me manquent et que je prends la liberté de solliciter, le désir d'attirer l'attention de mes contemporains sur quelques questions importantes me porte, sans un bien ferme espoir de les résoudre, à consigner ici les réflexions où ma visite matinale à l'église de Saint-Charles me plongea sous les arcades de la rue du Pô.

I

L'affluence des femmes dans les lieux de culte n'est pas un phénomène accidentel et passager. La femme est la moitié particulièrement religieuse de l'espèce que l'apparition du besoin religieux distingue du règne animal. Ce caractère du sexe est en harmonie avec sa nature, avec son rôle et sa destination générale, il est pour ainsi dire impliqué dans son idée même. Les femmes diffèrent moins entr'elles que les hommes ne font entr'eux. Les individus dont se compose une espèce vivante ne sont pas des êtres complets et indépendants que l'esprit grouperait sous un nom commun en raison de quelques ressemblances, la distinction même des sexes est la preuve la plus palpable du contraire, puisque aucun des individus compris dans l'espèce n'en possède à lui seul tous les organes. Les hommes ne sont pas non plus des fragments d'un tout réellement indivisible séparés par l'effet d'une illusion de nos sens. Ce ne sont ni des membres ni des éléments à la manière d'une jambe, d'un estomac ou d'une cellule: le rapport de l'espèce à l'individu est un rapport d'une nature tout à fait particulière, qu'il faut étudier en lui-même et que nul rapprochement ne saurait éclaircir. L'individu possède une vie propre, ses sensations, ses sentiments sont bien à lui, puisque dans notre espèce il est responsable — ce dernier trait achève tout et domine tout. L'homme individuel possède une vie propre; mais cette vie, il la tient d'êtres semblables, il la communique à des êtres semblables et ne peut la conserver qu'avec l'aide de ses semblables, au maintien desquels il concourt. Dans l'espace et dans le temps les êtres humains sont rattachés entr'eux par des fils intangibles, que rien ne saurait briser. L'humanité forme un tout, et l'on peut discerner en chaque vie un élément collectif et un élément individuel.

Ces deux éléments ne se mêlent pas chez tous en proportions uniformes; il y a des différences notables à cet égard non seulement d'une personne à l'autre, mais aussi suivant les âges et suivant les sexes. A considérer l'ensemble, le sexe féminin nous paraît représenter plutôt la généralité dans l'espèce humaine, tandis que les différences individuelles se dessinent et s'accentuent dans le masculin. La femme est l'espèce dans l'espèce; c'est éminemment par elle que s'ourdit la chaîne des générations et que l'humanité forme un tout continu. Durant de longs mois l'enfant vit de sa vie; l'allaitement, l'éducation du premier âge prolongent cette solidarité de l'existence embryonnaire; la mère, ou celle qui en tient la place forme le milieu physique et moral où l'individualité se constitue. Les instincts les plus profonds de la femme sont dirigés vers cette tâche, dont la poupée est l'universel symbole et la naïve expression : où l'homme cherche et trouve la satisfaction présente d'un besoin physiologique impérieux, la jeune femme voit l'espérance d'un avenir de labeurs et de dévouement vers lequel sa nature est emportée. Aussi bien l'amour du père pour ses enfants n'est-il qu'une ombre assez pâle auprès de celui de leur mère, tant qu'il ne voit pas dans les objets de cet amour dont il hérite, le débris ou le monument d'un bonheur perdu. La maternité, c'est le bonheur dans le sacrifice, l'affranchissement dans la servitude, la grande folie, la contradiction suprême, la démonstration du mystère éternel, la racine de vie, qui puise le sang nourricier dans l'infini. Rien ici-bas ne l'égale et rien n'en approche.

Organe de la tradition, la femme commence par la subir sans réaction bien énergique et sans donner à sa réaction des formes précises. Ce que la tige ou le bulbe sont à la plante, la femme l'est au genre humain; son rôle social paraît effacé. L'histoire l'oublierait sans les passions qu'elle excite, mais ni le silence auquel notre civilisation la condamne, ni les bruyantes rivalités dont son charme est la cause ne permettent à la pensée de méconnaître en elle le principe de cohésion aussi bien entre les contemporains qu'entre les générations successives. A sa réceptivité substituez l'initiative, à sa crédulité, l'esprit critique, et, faute d'un point de départ commun, les enfants du même pays ne parviendront plus à se comprendre. Tandis que les hommes se divisent en sectes, en écoles, en partis, les opinions et les sympathies de leurs compagnes sont, pour ainsi dire, une résultante du travail intellectuel des générations qui les ont précédées. Ainsi le conflit et le concours des virilités pensantes forment l'esprit public, la commune croyance où l'esprit féminin vient s'alimenter pour accomplir sa fonction éducatrice. La moitié la plus individualisée du genre humain produit les opinions qui tendent à devenir collectives, et par l'éducation de l'enfant, la moins individualisée forme réciproquement les caractères individuels. L'enfant adhère longtemps à la femme, qui l'aime et le comprend instinctivement; la femme est le guide naturel qui conduit les petits garçons à l'âge adulte; les peuples qui se sont avisés de les séparer de leur mère en sont cruellement punis.

Aussi bien la femme tient-elle toujours de l'enfant. Plus rapide que chez l'autre sexe, son évolution mentale est moins étendue. Elle reste toujours enfant par quelques endroits : son goût pour la parure et bien d'autres en sont la marque. Ce besoin de changer qui crée la mode est superficiel, accidentel, d'acquisition tardive et particulier à certaines classes. Dans les campagnes, les costumes nationaux se conservent mieux chez les femmes que chez les hommes. La femme maintient donc et perpétue les premières idées, les premiers sentiments, les premiers instincts, les commencements de l'humanité : c'est la racine éternelle.

II

Ce caractère expliquerait la persistance chez elle de la pensée religieuse et des pratiques de la religion, qui remplissent les premières civilisations tout entières. Aussi ne saurait-on comprendre le rôle normal de la femme sans s'être expliqué la religion et sans lui avoir assigné sa place. L'humanité sort de la religion comme l'enfant du sein maternel. Est-ce à dire que la religion représente une forme de la pensée et de la vie intérieure destinée à s'évanouir pour faire place à des conceptions plus justes, à des affections plus légitimes à des objets d'activité préférables? Il ne manquera pas d'intelligences promptes à tirer cette conclusion. Ce n'est pas la nôtre. Nous ne comprendrions pas une évolution sans terme, dont chaque degré, disparaissant dans le suivant, ne possèderait aucune valeur permanente, car alors l'évolution tout entière serait sans valeur et sans raison d'être. Le progrès n'est pas une courbe qui s'éloigne indéfiniment de son point de départ et va se perdre dans les profondeurs de l'espace ; la courbe doit se fermer. L'évolution que nous montre la nature et que l'histoire nous fait déjà soupçonner ne saurait amener un ordre rationnel par le concours accidentel de forces irrationnelles, l'évolution réelle, qui suit une loi, ne peut être que le déploiement, la manifestation d'un germe, d'une idée première, elle tend donc vers une fin, et cette fin ne saurait être le contre-pied, la négation du commencement ; il faut qu'elle soit la réalisation, la vérité du commencement. C'est par la religion que l'humanité commence, par conséquent c'est à la religion que l'humanité doit aboutir, ainsi qu'au terme de l'évolution botanique, la semence renaît dans le fruit.

Qu'est-ce en effet que la religion? L'examen de cette question importante est nécessaire pour nous expliquer la particularité qui nous frappait à Turin et pour en tirer les conséquences. Enonçons d'abord la réponse à laquelle nous sommes arrivé, puis nous tâcherons de la justifier. Eh bien voici : La religion c'est la vie élémentaire de l'esprit, c'en est aussi la vie suprême. Quoi qu'en pensent les conseils de la Cité lumière, ni Pascal, ni Newton n'étaient des imbéciles, et cependant Newton et Pascal se prosternaient aux pieds de Jésus-Christ. La religion ne marque pas une phase particulière du développement de l'humanité : tantôt plus en relief, tantôt plus effacée, elle est présente, elle est active au cours de tout ce développement. Peu importe que dans un moment et dans un lieu donnés on puisse alléguer avec une certaine apparence qu'elle perd son crédit sur les classes éclairées, aussi longtemps que pour une minorité de ces mêmes classes elle forme l'intérêt souverain et que l'influence de cette minorité sur la condition de l'ensemble reste parfaitement appréciable. La question de chiffre est accessoire; le sentiment, non de la majorité réelle, mais de la majorité d'une minorité n'a d'importance qu'aux yeux des gens en quête de raisons pour étayer leur opinion personnelle.

Surtout la religion n'est pas, comme l'imaginaient Hegel et Comte au début du positivisme, une phase du développement de l'intelligence, car la religion ne relève pas essentiellement de l'intelligence. Une religion suppose plus ou moins, très vaguement, une certaine conception du monde, mais une religion ne consiste pas dans une conception du monde, une religion n'est pas une théologie, on peut être profond théologien et théologien de très bonne foi sans être un homme religieux.

Une religion n'est pas une opinion, une manière de voir, c'est une manière de vivre. Expliquons-nous : On a fait consister la religion en doctrine, on a érigé la croyance à certaines propositions en condition indispensable et suffisante du salut de l'âme — le clergé catholique a simplifié cette idée avec avantage en bornant l'obligation des fidèles à croire que ce que le clergé croit est la vérité, sans les astreindre à connaître l'objet de cette croyance. Avec cela si l'on pratique, c'est-à-dire si l'on fait certains gestes dans certains locaux, c'est pour le mieux, mais il n'est pas même indispensable de pratiquer pour avoir de la religion, il suffit d'abdiquer son jugement personnel d'une manière implicite et générale. Pour un nombre indéfini de gens on ne saurait rien imaginer de plus commode.

Quelques-uns cependant ne s'en contentent pas, ils veulent se rendre compte de ce qu'ils croient et savoir exactement tout ce qu'il faut croire. Ils approfondissent les textes sacrés, persuadés qu'une opinion correcte est méritoire, tandis que l'hérésie est le plus grand des péchés. Toute l'activité de leur esprit, tout l'intérêt de leur existence s'absorbent à tirer les conséquences logiques d'énoncés invérifiables sur des sujets inintelligibles. Cette religion de formules dépouille la vie réelle, dessèche le cœur et conduit à la manie. La vérité n'est point là.

La religion n'est donc pas une affaire de tête, ce n'est pas une croyance, ce n'est pas plus un département de la connaissance qu'une phase de son évolution. N'y faut-il pas voir plutôt une espèce de sentiment? C'est ainsi que le comprennent effectivement un certain nombre de ceux dans l'existence desquels la religion tient réellement une place. Cette vue est fondée en quelque manière, comme l'erreur signalée auparavant n'est pas de tout point une erreur : C'est affaire de plus ou de moins : un sentiment déterminé ne se conçoit pas sans un objet et sans quelque notion de son objet; la question serait de savoir ce qui importe plus à la vie religieuse, de la précision des formules ou de l'intensité des émotions. Il serait peut-être bon de se demander encore si les leux éléments inséparables que nous venons lo distinguer croissent et décroissent l'un avec 'autre, l'un sans l'autre ou l'un à l'inverse de 'autre. Ceux qui mettent la religion dans le entiment semblent se rattacher au dernier vis. L'objet de leur culte est très vague, ce n'est as Dieu, ce n'est pas un dieu, ce ne sont pas les dieux, c'est *le divin*, et ce divin, ils l'en-endent naturellement suivant leurs désirs. Quand nous parlons de sentiment, en effet, ious prenons ce mot dans son sens précis, laisir ou peine. La religion de sentiment est lonc celle où l'on cherche du plaisir et dont a valeur se mesure à l'intensité des jouissan-es qu'elle procure. Cette religion n'a rien l'austère : du moment qu'on a placé le but dans a jouissance, on ne saurait rien condamner le ce qui nous en fait éprouver. Sans aller usqu'aux dernières conséquences, (qui toute-ois sont bien tirées, surtout quand il n'y a, omme ici, qu'à se laisser aller sur la pente) l est facile de constater dans certains milieux ue la sentimentalité religieuse est écœurante, t qu'à l'église aussi bien qu'au bal courir près le bonheur est l'infaillible moyen de le nanquer ; c'est littéralement vouloir marcher ur son ombre. Décevante non moins qu'arbitraire, la sentimentalité religieuse est une maladie de l'esprit.

La religion n'est pas une forme du sentiment. Serait-ce un emploi de la volonté? Faut-il en chercher l'essence dans une activité pratique? Consiste-elle dans l'accomplissement de certains rites, de certaines cérémonies, c'est-à-dire dans des gestes, dans des mouvements, dans des actions corporelles, dont l'objet serait d'honorer la Divinité? L'idée que de tels actes pourraient lui plaire indépendamment des dispositions intérieures qu'ils expriment quelquefois paraît impie, elle suppose un Dieu puéril. Il ne faudrait pas aller bien loin pour en observer les effets, mais quelle qu'en soit l'importance historique, nous ne saurions nous y arrêter. — La religion de pratique peut être comprise plus sérieusement, on peut la faire consister dans l'exercice de la charité : « Tu aimeras le Seigneur ton Dieu de tout ton cœur », c'est le premier commandement, et voici le second qui lui est semblable : « Tu aimeras ton prochain comme toi-même. » Parmi ceux qui reconnaissent l'autorité de ces paroles il en est qui se sont attachés à la hiérarchie en négligeant la similitude et se sont désintéressés de leur prochain pour se vouer à la vie contemplative; tandis que d'autres, ne comprenant pas comment celui qui n'aime pas son frère qu'il voit pourrait aimer Dieu qu'il ne voit point, ont trouvé le vrai moyen de plaire au Créateur dans le dévouement au bien des créatures qui sont l'objet de son amour. Leur sentiment nous paraît juste; cependant nous ne saurions résumer la religion dans un travail de bienfaisance, même si ce travail est accompli par un motif religieux. Les collectes, les comités, le mécanisme administratif des œuvres multiples par lesquelles on s'efforce de détruire ou de pallier la misère humaine, tout ce labeur entraîne une dépense de forces qui ont besoin d'être restaurées. Puis nous ne connaissons pas toujours exactement les motifs qui nous y poussent, ces motifs ne sont pas toujours également purs, pour peu que la vanité, que l'instinct de domination s'y mêlent, il risque de nous dessécher et de nous affadir. L'effet de l'activité bienfaisante sur ses instruments n'est salutaire que dans la mesure où elle les porte à remonter vers la source de la vie pour y puiser une vigueur nouvelle.

Ainsi l'intellectualisme, le sentimentalisme, le formalisme sont des maladies de la religion, l'activité charitable n'en est qu'un rameau, non la souche ; la religion ne relève ni de la pensée, ni du sentiment, ni même de la volonté pratique, bien qu'assurément elle exige le concours de la volonté, du sentiment et de la pensée. Elle n'appartient exclusivement à aucune de nos facultés, parce que toutes nos facultés lui appartiennent, et lui appartiennent également. Cette égalité nous semble le point décisif, bien que l'égalité s'entende assez mal où l'on n'a pas encore trouvé le moyen d'appliquer la mesure. Mais enfin la religion la plus exclusivement pratique ne va pas sans quelques idées et sans quelques impressions ; la plus sentimentale se rattache à quelques représentations intellectuelles et détermine quelques mouvements, sinon quelques œuvres. Sans y attacher grande importance, la plus théologique demande au cœur quelque chose, et certainement elle implique un concours de la volonté, ne fût-ce que pour graver ses formules dans la mémoire. De même l'industrie, la politique, l'art, la science, la chasse, l'exercice d'une activité quelconque implique un concours de toutes ces facultés qu'une inévitable abstraction nous oblige à distinguer. Ce qui caractérise la religion, c'est de n'en faire prévaloir aucune, parce qu'elle n'a pour objet la satisfaction d'aucune en particulier. La religion n'est pas une affaire de la pensée, une direction du sentiment, un objet de la volonté pratique ; c'est l'effort de notre être tout entier pour se rattacher à son principe et pour se consolider lui-même en s'y rattachant. Les facultés qui, dans le déploiement de la vie humaine, se distinguent en ce sens que notre activité totale est tour à tour appliquée à réaliser le but particulier de chacune d'elles : la science, la jouissance ou le pouvoir, semblent se fondre dans l'unité indissoluble — nous n'osons dire indiscernable — de la vie religieuse, comme, au départ, la vie instinctive les renfermait toutes, sans permettre de les isoler. Le sentiment religieux s'éteint s'il ne conduit à la pratique, il s'égare et se corrompt s'il ne s'appuie sur la juste notion de son objet ; mais le raisonnement, mais l'induction partant des phénomènes sont impuissants à fournir cette idée ; mais l'autorité qui la formule et nous y soumet ne saurait la rendre vivante s'ils ne s'appuient sur une intuition personnelle, et l'activité que la religion commande ne persiste et ne devient féconde qu'en puisant aux sources du cœur. Cette affirmation est mystique, nous le voulons bien, on parvient malaisément à purger la religion de tout élément mystique. Aussi bien ce mot est-il pris couramment aujourd'hui comme un synonyme de religieux.

On pourrait définir la faculté religieuse, l'instinct de l'immatériel, ou plutôt, pour n'employer que des signes positifs, l'instinct radical, l'instinct essentiel de notre nature : c'est l'effet qui remonte à la cause, c'est le mouvement de l'enfant qui s'attache au sein maternel. Le commencement se retrouverait ainsi dans la fin, dirons-nous ; car dès qu'on accorde un objet à l'instinct religieux universel on ne saurait hésiter longtemps sur la question de savoir quelle est notre fin. La piété semble naturelle à l'enfance quand la mère, l'initiatrice, montre du doigt le ciel à son jeune fils.

Si la religion est l'instinct supérieur, il est naturel qu'elle prédomine chez les femmes. Etres d'instinct, formant, par l'élaboration des enfants, puis par la transmission des mœurs et des opinions traditionnelles, la tige de l'humanité, leur sexe en est aussi la vivante racine par la tendance qui le porte à fonder sa vie en Dieu ; tandis que, jouant naturellement les principaux rôles dans l'investigation scientifique, dans les arts imaginatifs et dans la direction des entreprises, l'homme, auquel appartient éminemment l'invention, l'homme, en qui l'individualité se dessine et les facultés se spécialisent, donnera moins de temps à la vie centrale sans qu'elle ait pour lui moins d'importance. Aussi bien, dans la religion même, les rôles des deux sexes seront-ils distincts. Aux hommes il siéra de dresser les cathédrales que les femmes viendront peupler, aux hommes de construire les dogmes et de les démolir; aux femmes de s'en approprier la substance et de les épurer en les faisant passer du cerveau dans la pratique journalière. Dans ce domaine supérieur encore, l'un représente la substance et l'homogène, l'autre la forme, la différence et le changement.

Pour résumer en termes précis une dissertation qui s'allonge, nous dirons que la religion est la fonction synthétique de l'âme humaine, et la femme, la moitié synthétique de l'espèce humaine. De là résulte une harmonie qu'on s'accorde aisément à constater; mais dont on tire des conséquences pratiques tout à fait opposées, suivant qu'on s'attache à la valeur intrinsèque des choses ou qu'on veut simplement faire prévaloir une opinion préconçue dans un temps et dans un lieu donnés.

III

Bien que, d'une manière générale, la religion tienne plus de place dans la vie des femmes, l'homme concourt à son développement par une action de souveraine importance, pour laquelle il ne pourrait pas être remplacé. Réciproquement les femmes ne sauraient sans détriment pour le tout rester étrangères à la science, à l'art, à l'industrie, aux échanges, à ces directions de la vie que nous serions tentés d'appeler périphériques par opposition à la vie intérieure. Elles y prennent part aujourd'hui, mais seulement dans les limites que leur tracent les mâles, dépositaires de l'autorité. En toute matière la femme reçoit sa loi toute faite et n'a point à la discuter.

Cette condition, qui, sans aller chercher plus loin, s'explique aisément par l'inégalité des forces physiques, répond en quelque manière à la différence des inclinations et des facultés mentales. On pourrait s'en accommoder s'il était présumable que la tutelle masculine s'exerce dans l'intérêt des pupilles. Mais l'expérience de tous les pays et de tous les âges dissipe cette illusion. Sous des formes plus rudes ou plus polies, plus franches ou plus hypocrites, l'homme a toujours traité sa compagne comme sa chose et son instrument : lorsqu'il paraît lui laisser quelques droits, c'est invariablement pour son avantage à lui-même. Il y a là sans doute une flagrante injustice, mais on a peine à voir comment l'atteindre, ayant de son côté le préjugé héréditaire, la loi positive, la volonté constante et la force matérielle. Ecoutez Suzanne :

Qu'un mari sa foi trahisse.
Il s'en vante et chacun rit.
Que la femme ait un caprice.
S'il l'accuse, on la punit.
De cette absurde injustice,
Faut-il dire le pourquoi ?
Les plus forts ont fait la loi.

Sans me demander si le droit parviendra jamais à passer dans les faits, je cherchais, sous les arcades de la cité subalpine, à comprendre ce que ce droit exigerait. Le cas de la femme, je l'entendais bien, n'est qu'un exemple entre plusieurs, du règne universel de l'égoïsme : une classe asservie est invariablement une classe exploitée. Ce que la justice exige, c'est que la femme, être moral, reçoive ses lois d'elle-même, et la société ne pouvant être qu'une, qu'elle concourre pour sa part à faire les lois de la société. Dans les pays gouvernés sous la forme représentative, la justice demande que le droit de suffrage soit attribué à toutes les femmes qui satisfont aux conditions exigées des électeurs de l'autre sexe. Après l'adoption de cette mesure, la loi ne pourrait plus se faire contre elles ainsi qu'il arrive aujourd'hui. Leur éligibilité à toutes les fonctions politiques ne paraît pas indispensable à ce résultat, et la différence des aptitudes est assez accusée pour légitimer les distinctions qu'un législateur *impartial* pourrait établir en la matière. Ce n'est donc pas en raison de la stricte justice, mais plutôt de l'intérêt social qu'on voudrait ouvrir à nos sœurs la porte de tous les emplois. Quelques-uns semblent en général ne leur point convenir, mais la concurrence libre suffirait pour les en tenir éloignées, et la société ne doit imprimer aux indications de la nature le sceau de prescription ou de prohibition impératives que si la nécessité s'en fait sentir.

Dans cette question des aptitudes les exceptions acquièrent une souveraine importance. Sans doute, à considérer l'ensemble, les individualités fortement dessinées sont plus rares chez les femmes que chez leurs maitres, sans doute nous les trouvons moins capables d'abstraction, d'analyse, de raisonnement, d'initiative et d'invention ; mais pour le courant des affaires, pour le ménage public aussi bien que dans la maison, elles rachèteraient peut-être amplement cette infériorité par un tact plus délicat, par une intuition plus rapide, par un discernement plus sûr des intentions et des caractères. Peut-être aussi faudrait-il, pour apprécier exactement les différences, tenir compte de l'éducation, et songer que, soigneusement cultivées, de moindres facultés naturelles peuvent aisément produire un résultat supérieur à celui de facultés plus éminentes, mais laissées en friche ou plutôt systématiquement étouffées. Nous soupçonnons beaucoup de talents avortés chez les femmes, sachant d'expérience combien de fois parmi nos pareils, la défaveur des circonstances empêche le mérite de porter fruit. L'homme le plus éminent, et de beaucoup, que nous ayons rencontré pendant une vie qui commence à se faire longue, n'est jamais parvenu à publier autre chose que deux volumes de vers où quelques morceaux admirables sont noyés dans un flot de savants enfantillages, innocente distraction d'un esprit toujours actif dans la tristesse ; tandis que ses découvertes scientifiques ne sont très partiellement connues que par les publications des amis douteux qui se sont nourris de sa substance. Mais si ce magnifique génie, auquel à cette heure même de pieuses mains s'efforcent de construire un tardif monument, n'a pu ni prendre dans le monde la place qu'il méritait, ni répandre sur le monde tous les trésors de sa pensée, au moins avait-il pu s'instruire, se cultiver, devenir ce qu'il était ! Combien n'y arrivent pas, combien s'éteignent sans avoir su ce qui s'agitait dans leur rêve Quant aux femmes, jusqu'au jour dont nous saluons le crépuscule, elles n'ont jamais trouvé qu'à la faveur de circonstances très exceptionnelles l'occasion de se développer, la possibilité de faire voir et d'apprendre elles-mêmes ce qu'elles peuvent et ce qu'elles sont.

Cependant, malgré tous les obstacles, quelques femmes s'élèvent au-dessus du niveau commun. L'antiquité, le moyen âge, les temps modernes en ont produit sous le ciel de notre Occident qui ont brillé dans l'érudition, dans les sciences, dans la peinture, dans la sculpture, dans les lettres, et même dans le gouvernement des Etats. Comme, après tout, les talents sont rares, les progrès lents, les besoins extrêmes, il ne serait pas à propos de négliger cet appoint pour des motifs systématiques. Le parti le plus raisonnable sera toujours de mettre la personne la plus capable à l'endroit où elle peut se rendre le plus utile, sans égard à des différences étrangères au but poursuivi. Combien de fois ne rencontre-t-on pas dans la société une femme évidemment supérieure au cercle masculin qui l'entoure? Combien de maisons endettées et compromises par leur chef ne se sont-elles pas affranchies et relevées par la gestion intelligente de sa veuve? Et dans combien de nos communes le seul homme capable d'administrer la finance ou de surveiller l'école ne porte-t-il pas un jupon?

Trop souvent il est vrai que les passions forment la rançon du génie. Pour s'assujettir une nature puissante, il faut plus d'effort que pour en gouverner une médiocre. L'esprit d'initiative, inséparable du pouvoir créateur, et qui fait défaut à leurs compagnes, poussa des femmes illustres à quérir des satisfactions qu'il valait mieux attendre et faire attendre. Telle châtelaine dont la vieillesse a laissé le souvenir d'une adorable bonté, n'avait pas donné l'exemple de ce qu'une langue conforme à nos institutions nomme sagesse et vertu chez les femmes. Les deux voix qui dans notre jeunesse ont éveillé les émotions les plus profondes ne se sont jointes en un soir d'ivresse que pour se séparer bientôt avec des cris discordants. Mais, plus près de nous, sur des sommets moins vertigineux, que de beaux et féconds talents unis aux pures vertus féminines dans le cercle de la famille! S'il s'agit de la vie pratique, où le dévouement n'a besoin d'autres guides que le bon sens et la clairvoyance, les infériorités du sexe s'atténuent et s'effacent à tel point que l'on se demande si le rapport n'est pas renversé. La tâche de l'humanité est tellement grande qu'elle en réclame toutes les forces; il faut donc les développer toutes et les mettre toutes en évidence, afin de les utiliser le plus complètement qu'il sera possible. La vertu même est une force qui parfois touche au génie, et qui, lorsqu'elle y parvient, le surpasse! Catherine de Sienne, la pauvre fille du teinturier, a marqué pour jamais sa place dans l'histoire de l'Eglise où se groupait alors la Chrétienté. Les Français ne laveront jamais dans assez de larmes l'outrage fait à leur pays par le sinistre effort de Voltaire pour salir l'héroïne qui fit luire un instant la pureté dans son histoire. Les lys ne fleurissent plus que dans le souvenir et dans l'humble potager du village, mais la bannière aux fleurs de lys flotte encore dans cette main virginale ; le frémissement de ses plis légers fera jaillir la flamme tant que l'enfant connaîtra le nom de sa mère et qu'un point restera chaud dans les cendres de l'humanité. La femme peut donc servir partout, suivant l'occurence, même dans les plus augustes conseils, même sur les champs de bataille ; et pour faire pénétrer dans les institutions et dans la vie sociale la part de vérité qui forme son apanage, il faut lui faire une place partout. Les femmes sont appelées au trône dans toutes les monarchies où ne règne pas la loi salique. Les peuples ne s'en sont pas plus mal trouvés. Berthe de Bourgogne, Marguerite de Navarre leur ont légué des souvenirs d'une douceur impérissable. Le règne d'Elisabeth flatte l'orgueil de l'Angleterre; celui de Victoria sera béni pour les exemples qu'elle a donnés; une princesse d'Autriche parvient à ramener l'ordre et la paix dans cette Espagne à la dégradation de laquelle les Habsbourg et les Bourbons se sont appliqués tour à tour. N'est-il pas insensé qu'une femme puisse être reine, même autocrate, et qu'une autre femme ne puisse pas tenir la plume dans le greffe d'un tribunal?

Suivant nous la stricte justice exige que les femmes concourent à l'établissement des lois qui les régissent, l'intérêt de la civilisation, qui doit embrasser tous les éléments de l'humanité et qui a besoin du concours de toutes ses énergies, demande que la différence des sexes, naturelle et nonjuridique, ne tienne plus dans la loi que la place rigoureusement indispensable, et que l'union conjugale y soit réglée sur le pied d'une égalité parfaite, laissant une marge beaucoup plus considérable aux conventions libres des parties, sous la garantie du droit commun. Pleinement d'accord avec la justice, l'intérêt public veut que dans ce domaine, la réglementation de droit public se resserre, pour faire place à la liberté.

IV

On préconise aujourd'hui l'égalité sans en accepter, et peut-être sans en concevoir les conditions les plus élémentaires. Quelles en seraient les conséquences probables dans le domaine dont mon esprit était occupé? J'étais incapable de former sur ce point la moindre conjecture, je ne m'étais pas même encore posé la question, lorsque le tracas d'un nouveau départ interrompit cette rêverie, dont le joug implacable de l'habitude a fait sous ma plume une assez aride argumentation. Après bien des années, je ne suis guère plus avancé.

Ce problématique avenir m'est apparu dans des visions, mais dans des visions confuses. Est-ce impuissance d'imagination, est-ce jugement réfléchi, est-ce la peur d'avoir fait fausse route, je ne sais trop; mais dans ces tableaux inachevés les contours du paysage, l'aspect de la société m'ont toujours paru beaucoup moins changés qu'un raisonnement abstrait ne porterait à le croire et que ne le représentent les adversaires du droit réclamé. Le mari, dont le travail fait subsister la famille, allumerait son foyer au lieu qui lui paraîtrait convenable : le contrat cependant pourrait déroger à cette règle et le ferait bien quelquefois, lorsque la fortune ou l'établissement industriel appartiendrait à l'épouse. Chacun contribuerait aux dépenses communes dans une proportion variable et déterminable par le contrat, c'est-à-dire le plus souvent pour tous les produits de son travail et de son apport. Eventuellement le surplus de ses revenus et de ses gains resterait à la disposition de chaque partie.

Affranchis de bien des contraintes légales, admis de très bonne heure à s'émanciper en renonçant à l'entretien qu'ils trouvaient chez leurs parents, la liberté du testament maintiendrait les enfants dans l'obéissance et rien ne changerait dans l'ordre de la famille, sauf l'obligation pour les époux de s'entendre sur l'exercice en commun de l'autorité paternelle et la nécessité qui s'imposerait à chacun d'avoir de constants égards pour tous les autres, la loi ne légitimant plus de brutalités et ne prêtant nulle part main forte à la tyrannie.

Voici quelques traits de ces visions d'avenir, qui surgissent encore dans ma mémoire comme les vestiges d'un lointain passé. La libre concurrence des sexes à tous les emplois étant consacrée non par les lois seulement, mais par les mœurs, on trouvait ici et là des femmes chefs de division ministérielle ou préfectorale, comme on en voit aujourd'hui déjà régler la marche des plus grands établissements industriels. On en rencontrait aussi parmi les facteurs de la poste, mais non parmi les employés qui circulent dans les trains do chemins de fer. Elles travaillent en assez grand nombre dans les pharmacies. Elles ne donnent guère plus de besogne à l'imprimeur qu'aujourd'hui, mais quelques-unes occupent des sièges universitaires ; l'instruction primaire des deux sexes se trouve presqu'entièrement entre leurs mains. Possédant plus de moyens de se créer une existence indépendante, elles ne s'enchaînent qu'à bonnes enseignes, et les garçons adonnés au vin ne trouvent pas à se marier ; aussi l'espèce en est-elle devenue extrêmement rare, la croix bleue a disparu dans son triomphe. Je ne vis point de dames en uniforme. On me dit pourtant, — jusqu'où ne va pas le rêve d'un homme éveillé — qu'elles avaient afflué pendant quelque temps sous les drapeaux au point de mettre les états-majors dans l'embarras, mais leur influence dans l'école, dans les collèges électoraux et dans les conseils avait fait prévaloir le principe de la paix et de l'arbitrage, leur goût vif pour les modes étrangères et pour les produits étrangers avait restauré le principe du libre-échange, et la réforme du salariat avait achevé de ruiner le militarisme; de sorte que les armées n'existaient plus que sur le papier, modification très favorable à l'équilibre des budgets. La femme esclave est dépensière, la femme libre est économe : on employait en fumier les millions qui de nos jours s'en vont en fumée, et l'aspect des moissons s'en ressentait. Chose étrange et pourtant certaine : les femmes, osant dire *non*, ne mentaient plus, ou du moins ne mentaient pas plus qu'autrefois leurs maîtres, ce qui laissait encore quelque marge à l'humanité.

Je visitai l'hospice général d'une ville de quarante mille âmes, j'en admirai les installations, la largeur des corridors, la grandeur des fenêtres, la hauteur des salles, la température constante, la ventilation régulière et la minutieuse propreté; je notai le soin délicat avec lequel une gravure, un tableau ou quelque autre objet agréable aux yeux avait été disposé vis-à-vis de chaque chevet ; je fus frappé surtout de la résignation et de la gratitude qui se peignaient sur les traits des malades. Les infirmiers, les médecins appartenaient aux deux sexes, mais le directeur était une femme. Il en était de même à la prison destinée aux délinquants qu'une commission d'experts fonctionnant après le jugement du tribunal avait réputés susceptibles d'amélioration morale. Absolument séparés des autres détenus, chacun d'eux cependant passait plusieurs heures du jour dans la compagnie de ses semblables, ce qui exigeait naturellement un personnel très nombreux, mais les fonctions de ces auxiliaires bénévoles étaient gratuites. La directrice elle-même, personne éminente, appartenant au meilleur monde, ne recevait d'autre salaire que la nourriture et le logement. Son travail était une œuvre d'amour. C'est ainsi que, sans déroger aux lois de la justice, la tendresse féminine distillait une rosée bénie sur les institutions les plus arides et les plus amères. Pour les condamnés dont les nombreuses récidives et le préavis des experts, personnes de science et d'expérience, faisaient considérer l'amendement comme improbable, la maison forte sur laquelle on les dirigeait était gouvernée par un médecin, homme énergique, qui les traitait en fous dangereux. Dans l'une et l'autre maison, toute négligence des geôliers était soumise à la loi pénale. On avait enfin compris que l'amélioration morale est impossible dans les prisons dont on nourrit l'espérance de s'échapper, et qu'en affaiblissant des craintes salutaires, une seule évasion réussie est l'origine de cent délits. Plus d'un geôlier portait le costume du sexe faible : on savait leur influence sur les prisonniers et l'on se fiait à leur clairvoyance pour pénétrer les desseins des hôtes confiés à leur garde. Elles risquaient noblement leur vie dans cet office d'apostolat et de charité.

On n'entendait pas de femmes prêcher dans les cathédrales, les préceptes de l'apôtre qui leur interdit de parler dans l'église ayant conservé leur autorité sur un grand nombre de fidèles, notamment parmi le sexe qu'ils excluent. Plusieurs dames, en revanche, exhortaient leurs frères et sœurs dans leurs propres maisons ou dans les salles affectées à de tels exercices ; les communautés les plus pieuses s'abreuvaient largement à cette source. Je songeais en voyant ces choses aux écrits et au travail de Sainte-Thérèse, Père de l'Eglise au jugement de la papauté. Je pensais aux rapports de Mme Guyon avec l'archevêque de Cambrai, à ceux d'Antoinette Bourignon avec Pierre Poiret et à son influence sur le mysticisme attendri qui réveilla la piété de quelques-uns vers la fin du siècle passé. Je me souvenais de Marie Huber, si lumineuse, si courageuse la première à revendiquer au foyer du Calvinisme l'autorité suprême de la conscience. Je revoyais Dorothée Trudel, la brodeuse du lac de Zurich qui, dans un temps plus rapproché de nous, avait allumé la lampe d'amour dans le cœur d'un grand nombre et dont le dévouement finit par désarmer la plus âpre des intolérances, l'intolérance de l'irréligion. A force de bienfaits la maison de Mænnedorf s'est élargie, elle a conquis sa place, et ne permettra pas d'oublier cette prophétesse ignorante, d'une éloquence irrésistible, la petite mère [1], vierge dont les fils et les filles ressèment au loin la moisson bénie.

Réveillé par les cloches de Noël, nous revenons sans scrupule à notre premier thème, sachant d'avance en nous rendant au sermon

[1] *Mutterli* dans le dialecte suisse.

protestant de quoi le prédicateur ne parlera pas. Si les femmes, dont le dévouement a mis des rayons de beauté dans l'histoire de la Réforme, avaient donné à la Réforme quelque chose de leur pensée, peut-être en auraient-elles élargi quelque peu les cadres et tempéré les décisions. Sans faire de Marie une reine des anges et la véritable médiatrice, en reléguant son fils sur les sommets enténébrés d'un Olympe métaphysique, avant de la soustraire à son tour, elle-même aux conditions de l'humanité, les champions de l'inspiration littérale n'auraient peut-être pas lu dans cette parole triomphante : « Tous les âges m'appelleront bienheureuse, » l'injonction d'effacer sa mémoire et d'ensevelir son nom dans un silence absolu. Je regrette le jour de la Dame, où, dans ma jeunesse, le paysan réformé de mon pays montait encore au grand clocher sur la hauteur. Nous avons besoin de la maternité dans l'Eglise : la femme y fait le meilleur ouvrage. Sans invoquer le droit, dont le lieu n'est plus ici, l'intérêt religieux demande qu'elle y trouve place au conseil. Mentalement, moralement, elle diffère de l'homme: on le reconnait, on s'en prévaut même, tout en avouant qu'elle forme une moitié de l'espèce. Il est donc manifeste qu'où la femme est restée muette on n'a jamais entendu la voix de l'humanité.

Dans la mesure du possible, il faudrait élargir, il faudrait assouplir nos langages au point d'exprimer les nuances de la pensée; il faudrait élargir, assouplir notre intelligence au point de saisir l'ordre naturel dans sa vérité. Sexes, règnes, genres, degrés, il y a dans la nature des groupes distincts, dont chacun a ses fonctions distinctes, mais les séparations entre ces groupes ne sont pas tranchées au couteau, et le sont d'autant moins que s'accroit, en montant à des sphères plus élevées, la complexité des éléments qui les composent. Dans l'ordre religieux l'homme a sa fonction, répondant aux qualités viriles, la femme y a sa fonction, répondant à l'ensemble de ses aptitudes. Ils sont religieux l'un et l'autre, car celui qui manquerait de religion ne saurait appartenir à la même espèce que celui qui la possèderait; tandis que si l'espèce entière en était privée, elle aurait cessé d'unir l'esprit à la nature et que son empire sur notre astre n'ayant plus de sens, ne tarderait pas à s'éteindre dans l'universelle dissolution. Les deux sexes sont religieux, et pour exposer la religion, pour la définir, la pensée virile est indispensable; mais la femme, la nourrice et la ménagère, la femme en qui nous puisons notre substance, la femme n'en est pas moins par excellence l'élément religieux de l'humanité; elle adhère au ciel, d'où nous procédons. L'homme qui prie est une femme lorsqu'il prie, et cette humilité fait sa grandeur, cette douceur, sa force et sa gloire, parce qu'elle en fait un être complet — complet parce qu'il n'est pas détaché, mais relié, et qu'incessamment il se renouvelle. Ne le mutilez pas.

La diversité, les oppositions ont leur point de départ dans la famille, où la mère travaille incessamment à rétablir l'harmonie. Son cœur est l'autel domestique, dont le feu ne s'éteint jamais. Elle est adorée, parce qu'elle adore. Ciel de l'enfant, sur le berceau duquel rayonne sa tendresse, elle-même s'unit sous la croix aux douleurs ineffables de l'universelle maternité.

Cette maternité, nous avons besoin d'en entendre la voix dans les conseils de nos églises, nous en avons besoin partout. La femme elle-même a besoin d'avoir sa part d'autorité partout pour être libre, elle a besoin d'être libre pour pouvoir s'acquitter de sa fonction. La mère esclave est hors d'état de remplir sa tâche de mère.

Ouvrez-lui donc toutes les portes. Représentants naturels du droit, ne vous inspirez que du droit. Il sera temps de faire valoir les considérations d'intérêt et d'opportunité lorsque vous aurez donné place dans vos parlements aux représentants naturels de la charité. Jusqu'ici votre prudence ressemble trop à l'aveuglement de l'égoïsme. Laissez la distribution des métiers et des emplois s'établir naturellement d'après la différence des aptitudes, qui répond souvent, mais point toujours, à celle des fonctions organiques. Songez bien que la contrainte ne sera jamais qu'usurpation et violence lorsque l'objet n'en est pas la justice, et que l'ordre de justice est l'égalité des droits. L'autorité qui n'émane pas de la justice est tyrannie, et ce n'est pas respecter la justice que se faire juge dans sa propre cause.

L'objet des aspirations universelles, le sincère idéal, la vérité, c'est l'unité du multiple, l'unité de l'être, l'unité des volontés par la liberté, l'amour, dont la liberté forme la base et l'indispensable condition. Il est clair dès lors que nous ne saurions atteindre le but de la vie aussi longtemps que la moitié de l'humanité reste esclave, ni comprendre le but de la vie aussi longtemps qu'elle reste muette. Par la gestation, par l'allaitement, par la communication de l'amour et de la parole, la femme réalise la solidarité, la continuité, l'unité naturelle de l'espèce. Dans l'ordre spirituel, elle alimente, elle maintient l'espèce en la rattachant au principe de l'être par la fonction religieuse qu'elle accomplit éminemment. Son admission sur le pied de l'égalité dans la société politique et juridique devrait-elle produire des effets opposés? N'est-ce pas plutôt le chemin, l'unique chemin par lequel nous puissions arriver, dans la justice, à l'harmonie, à la paix, à l'unité, qui est la vérité?

Ainsi l'âpre besoin de travailler à l'avènement d'un ordre plus large et plus équitable reprenait possession de mon cœur fatigué, les vagues images de cet avenir problématique s'étaient effacées, je rentrais dans la réalité du présent. Il ne me restait qu'un souvenir du froid matinal et des vieilles femmes agenouillées devant les autels à Saint-Charles.

MON UTOPIE

III

La montagne de Sainte-Geneviève

ou

LE PROBLÈME RELIGIEUX

« Prenez de l'eau bénite, cela vous abêtira. »

— C'est une manière de s'abêtir ; l'irréligion
n est une autre. Quand le Père qu'on cher-
hait aux cieux s'est évanoui, la fraternité
'ici-bas n'a plus de signification morale, la
ensée n'a plus de centre, les aspirations du
œur n'ont plus d'objet, l'idéal n'est plus
u'une fantaisie arbitraire, une réminiscence
nportune, une énigme sans mot, un effort
ans le vide.

Il n'y a plus de devoir pour l'esprit qui ne
roit qu'aux faits, car le devoir ne saurait être
n fait; ce qui est fait n'est plus à faire. L'in-

térêt de chacun, c'est-à-dire au fond son plaisir reste ainsi la seule règle de conduite, et chacun prend son plaisir où il le trouve. Mais chacun ne le trouve pas où il le cherche, le plus grand nombre s'exténue à cette poursuite, les moins étourdis finissent par en comprendre la folie et se consolent avec le seul bien qui leur reste, la conscience de leur vanité. Douleur sans doute, mais qui du moins remplit les heures, hébêtement, mais hébêtement moins stupide que celui de la haute vie courant de distraction en distraction — pour échapper au désespoir qui la guette et qu'elle entrevoit à tous les contours du chemin — jusqu'à l'extinction de toute pensée et de tout sentiment dans la platitude absolue. Certes la douleur de sentir son néant serait préférable à l'ennui, si seulement elle était assez intense pour chasser l'ennui. Par malheur cette force lui manque; dans ce monde superficiel la douleur même est de surface. L'huile tarit, la mèche pue, il n'y a plus d'eau pour les racines, il n'y a plus d'air pour les poumons. Nos poses cherchées, nos voix stridentes, la grimace universelle n'accusent-elles pas l'évidement et la dessication de notre planète? Théâtre, la chaire, théâtres, la tribune et le tribunal; sur la scène payante les comédiens à leur tour n'imitent plus que les grands comédiens, leurs devanciers. Où l'église avait mis l'image du Crucifié, nous élèverons une statue au pourvoyeur inviolable de l'échafaud : le prétentieux chapelain de l'Etre suprême n'est pas le premier prêtre qui soit devenu un objet de culte, confisquant à son profit les adorations.

Vous le voyez, excellents laïques, vos efforts sont vains, l'humanité ne saurait se passer de dieux, elle s'en fait aujourd'hui comme elle en a fait dans tous âges, et les divinités de fabrication contemporaine ne sont pas les moins monstrueuses ni les moins ridicules. Ces dieux d'aventure trahissent un besoin qu'ils ne sauraient satisfaire. Le dessèchement des esprits n'en poursuit pas moins son cours et la négation ne produit pas moins ses conséquences avec une logique irrésistible.

I

Lorsqu'on ne voit rien, lorsqu'on ne sent rien au-dessus des êtres multiples, il n'y a plus entr'eux de liens réels ; les nœuds tressés par l'habitude, sous l'empire d'illusions perdues, ne résistent pas à la critique d'une intelligence que la passion vient bientôt surexciter ; ceux que forment l'instinct et les nécessités naturelles n'ont rien de sacré. Les affections sont parfois encore des forces, elles ne sauraient créer des droits. En vain l'esprit sans boussole recule en croyant avancer, en vain le Dieu Terme est lavé dans le sang des jeunes hommes, ce regain des vieux fanatismes, assez puissant pour nous diviser en groupes hostiles, ne suffit pas à faire régner l'harmonie dans l'intérieur de chaque pays. La patrie, c'est notre parti, et notre parti, c'est notre intérêt dès que, cessant d'obéir à la vitesse acquise, nous essayons de réfléchir. Magnifique élargissement de l'égoïsme, le culte de la patrie ne saurait pas mieux nous satisfaire qu'il ne réussit à nous diriger : il ne subsiste devant la raison qu'en se confondant avec le culte du devoir. Aimer nos proches, faire tout le bien possible au lieu même où nous nous trouvons, ce patriotisme, la raison l'avoue, mais ce patriotisme suppose la réalité d'un devoir envers tous nos semblables, la valeur positive d'une idée du bien et la possibilité de concourir à sa venue, en d'autres termes, il suppose Dieu, sans lequel, dépourvu de tout sens exprimable, il aura bientôt cessé d'agir sur les cœurs.

Cependant on a quelque peine à croire que outes les conduites soient égales. Le plaisir des ens n'est à la portée que du petit nombre et ne uffit point à tous ceux qui peuvent se le procurer. En dépit de l'optimisme affecté par les conomistes officiels, chacun sait que la pouruite des biens matériels nous met aux prises avec nos semblables, et que sans l'inappréciale gendarmerie nous n'aurions pas un insant de sécurité. Cependant la pure nécessité 'explique pas l'organisation compliquée dont e gendarme est la dernière expression. J'ai eau sentir tout le prix d'un gouvernement, je oudrais encore savoir pourquoi c'est à Pierre u'il appartient de commander, tandis que non rôle est d'obéir. Si la loi positive n'est u'un simple fait, l'expression de la volonté nomentanément la plus forte, ce n'est pas ne loi véritable et la sécurité qu'elle inspire 'a d'autre fondement qu'une illusion. Pour ntendre la possibilité d'un droit positif, il faut, n d'autres termes, que l'exécution d'une pronesse donnée soit une obligation de droit naurel. L'existence même de l'Etat prouve donc u'il y a quelque chose de supérieur aux êtres angibles, quelque chose d'universel. Remonons plus haut : le fait du langage pousse à la même conclusion. Les hommes ont construit les langues qu'ils s'appliquent maintenant à déformer, mais comment y seraient-ils parvenus si la manière de sentir et de réagir des uns ne ressemblait pas et ne répondait pas dès l'origine à la manière de sentir et de réagir des autres, si les intonations et les gestes n'étaient pas le symbole involontaire des impressions reçues et si ces symboles n'étaient pas compris ? Qu'on y mette le temps, je le veux bien, qu'il en faille beaucoup, je le crois sans peine, toujours faut-il au départ un élément collectif, quelque chose d'humain, pour ne pas dire quelque chose d'universel dans l'accord des impressions et des réactions.

⁂

Nos contemporains ne veulent rien supporter au-dessus d'eux. Ils se sont affranchis de Dieu, et de la même secousse ils se sont affranchis du devoir. Il n'y a là qu'un seul acte de l'esprit, non que le devoir ait besoin de la sanction qu'apporterait à ses prescriptions un Dieu physique, extérieur à lui ; le devoir lui-même est Dieu : ce que Dieu est de plus, tous l'ignorent également, mais ceux qui croient en

Dieu savent qu'il est le devoir. Donc point de Maître, point de chaîne, point de devoir, point d'ordre moral ! Mais encore faut-il discerner l'ordre du désordre, encore faut-il constater l'harmonie qui règne dans certains départements du monde, admirer surtout le phénomène de la connaissance en général, de l'accord progressif de l'interne avec l'externe, puisque les affirmations les plus impérieuses et les dédains les mieux joués ne parviennent point à faire entendre l'un comme un cas de l'autre. Le plaisir, mon plaisir, vaut seul quelque chose, c'est entendu, car pour précieuse que soit à mes yeux votre amitié, quelque profit que mes voisins trouvent au déploiement de mes propres affections bienveillantes, celles-ci ne sauraient avoir de valeur pour moi qu'en raison du plaisir qu'elles me procurent.

Mais nous séparons les plaisirs de la vue et de l'ouïe de ceux qui sont associés à d'autres fonctions naturelles, pour les joindre aux plaisirs de l'imagination dans une classe particulière et, semblerait-il parfois, supérieure. Nous attribuons un caractère esthétique à telles sensations, à tels sentiments, à telles actions, à tels personnages. Nous cherchons à nous faire une idée du beau. Plusieurs, à défaut du bien, dont ils pensent avoir compris l'inanité, voudraient admirer, tenteront même, suivant l'occurence, de réaliser le beau dans la conduite de leur vie. Les lettres et les arts sont là pour prouver qu'il y a dans le monde des sentiments certains points sur lesquels on peut s'entendre. Si tous n'ont pas les mêmes goûts, du moins les hommes se groupent-ils suivant leurs goûts, et les divergences mêmes semblent limitées.

Il y a donc quelque chose de collectif, d'universel, d'idéal dans l'esthétique. Le beau est quelque chose, après tout. Qu'est-ce donc que la beauté, qu'est-ce qu'un mérite esthétique ? On en compte bien des espèces. A supposer qu'on pût les définir assez clairement pour les reconnaître sans difficulté dans chaque rencontre, comment comparer, comment ordonner, comment classer ces mérites divers, parfois opposés ? La diversité des écoles, les continuels changements du goût, la puissance de la mode, le besoin de la nouveauté pour elle-même accusent assez l'arbitraire et la vanité de nos croyances dans cet ordre-là. Hors l'exactitude dans l'imitation, qui nous procure un plaisir réel, mais médiocre, dont la raison erait à chercher, il n'est rien dans le domaine sthétique où l'on parvienne à s'entendre sans n référer à des conventions. Comment dispoer un sujet où l'on ne trouve aucun point fixe? a morale aurait pu rendre le service d'en ournir un si la morale avait subsisté. Vouloir bsorber la morale dans l'esthétique, c'est la ivrer aux caprices du premier venu — absorber esthétique dans la morale, c'est la supprimer; nais ceux qui croient à la possibilité d'une norale ne sauraient méconnaître l'étroite conexion des deux ordres et peuvent essayer 'en marquer les rapports réels. Il y a sans oute des vices charmants et des vertus enuyeuses; l'intention d'agir sur les volontés our les changer et le dessein d'évoquer l'inage d'une perfection, d'une propriété quelonque pour s'en délecter ou pour s'en divertir ont des choses bien différentes, souvent même ncompatibles; néanmoins il reste vrai que les ormes et les degrés du beau ne sauraient se nesurer que suivant leur rapport avec la paraite beauté, et que la parfaite beauté ne sauait être que l'irréprochable représentation du ien absolu, lequel réside à nos yeux dans a perfection morale. Niez le bien, et la eauté n'est qu'un mot vide; niez le bien, et l'art n'est plus qu'un divertissement absurde s'il ne sert de stimulant aux appétits. Aussi bien l'art a-t-il perdu sa vertu : on en était déjà hier à l'art pour l'art, la forme sans le fond, sans aucun fond, la virtuosité dans l'impuissance, un jeu d'adresse et de patience où le cœur n'ait aucune part. La satisfaction des besoins esthétiques tient encore une grande place dans notre siècle : animaux dégénérés que nous sommes, la pure sensation ne nous suffit décidément pas, mais l'art séparé de sa source n'a plus d'eau pour nous abreuver; comme un fleuve de la Tartarie, il se perd en des marécages où se poursuivent quelques feux follets. L'art n'est rien s'il n'est un effort pour fixer l'image d'un meilleur monde avec les éléments fournis par le monde qui nous détient. L'art n'est rien sans l'idéal, l'idéal n'est rien sans Dieu. Dieu parti, l'art s'en va, le soleil a disparu, les rougeurs du couchant font déjà place à l'ombre noire, l'étoile manque à cette nuit, un brouillard la cache. Il n'y a plus rien de vivant, plus rien de sérieux dans notre société hors l'argent, l'effort pour se nantir d'argent coûte que coûte et les plaisirs des sens et de la vanité que l'argent lui procure. La logique le voulait ainsi et la logique est impitoyable, surtout pour ceux qui la tournent en dérision. L'idéal n'a qu'un foyer : qu'on l'étouffe, et la chaleur qu'il avait répandue se retire, non brusquement, il est vrai, mais assez vite pour que chacun puisse constater cette extinction sans grand effort. L'homme était un animal tourné vers Dieu, ôtez Dieu, la bête reste. Si vous en doutez encore, ouvrez donc le *Charivari !*

Ainsi l'art, le patriotisme, succédanés de la religion, ne sont au vrai que les ondes mourantes, les derniers reflets de la religion. La religion est le ciment indispensable des sociétés, son nom l'indique. Opposés par leurs prétentions sur les choses, les hommes ne peuvent s'unir qu'autour d'un point fixe et dans l'amour d'un objet commun. Pour s'entr'aider, il ne leur suffit point d'avoir besoin les uns des autres, il faut qu'ils s'aiment, et comment s'aimeraient-ils lorsqu'en fait ils sont pour la plupart si loin d'être aimables ? Il faut qu'ils s'unissent, et comment parviendraient-ils à s'unir, lorsque de nature ils seraient séparés ? S'ils y parviennent, c'est que de nature et dès l'origine, il existe entr'eux, il existe en eux, au-dessous d'eux un invisible lien. Et si le nœud qui les assemble peut devenir un nœud d'amour, c'est que l'amour est la substance même des fils dont il est tressé. Aimer l'humanité dans son vice et dans sa misère, c'est saisir l'idéal d'une humanité glorieuse, c'est entrevoir l'éternel dans ce qui passe, c'est aller à Dieu. Cet effort pour s'entre aimer, vous le verrez retomber dans l'impuissance s'il ne s'affermit et ne se précise en acquérant la pleine conscience de son objet vrai. Hors de la foi, malgré la vaillance du sol, la fécondité du travail et les miracles de la science, l'humanité s'appauvrit, s'hébête, s'émiette et s'en va.

II

La foi, oui, la foi ! Qu'est-ce que la foi ? Quel en est l'objet légitime ? Nous avons oublié jusqu'aux noms des divinités auxquelles nos pères Gaulois offraient des victimes humaines. Nous ne saurions adorer ce Jupiter dont Eschyle annonçait déjà la chute ; nous savons qu'il a laissé succomber les Grecs. Nous n'appartenons pas au peuple que s'était choisi Jéhovah. Nous n'irons pas au Dieu de l'Islam, Dieu du cimeterre. Nous ne céderons pas aux

éductions du Brahmanisme, même réformé
ar Bouddha : il nous promet une parfaite
mort, qui mettrait un terme à nos peines, mais
ous ne voulons pas la mort, nous voulons la
ie ; le vrai pour nous n'est pas la négation,
'est l'affirmation, le bien pour nous n'est pas
abstinence, le bien pour nous c'est la cha-
té. Nous voulons souffrir, si par la souffrance
ous pouvons servir. Occidentaux, gens d'ac-
on, peu capables de condamner l'existence
n elle-même, nous ne saurions concevoir
'autre idéal que ce médecin, fils d'un char-
entier, riche en paraboles, ami du pauvre et
auvre lui-même, qui a cru mourir pour sau-
er les hommes et dont la résurrection vraie
u prétendue a bouleversé l'ancien monde et
ait surgir un monde nouveau. Jésus voulait
tre utile et le voulait bien ; notre idéal c'est
'être utiles, en donnant, s'il le faut, tout pour
ela. Mais réaliser son idéal, atteindre son but
'est le bonheur. Trouver le suprême bon-
eur dans cet entier sacrifice de soi-même
ont la volupté semble l'ironie, dont l'agonie
st la condition ; croire et sentir, sans le com-
rendre, que se donner et se trouver, mourir
t ressusciter sont une seule et même chose,
oilà le problème qui nous poursuit, la con-

tradiction qui nous réconcilie avec nous-mêmes, l'absurdité d'où jaillit notre lumière, la folie au prix de laquelle toute sagesse est plate et tout plaisir importun ! Le Christianisme l'a mise en nous ou l'en a peut-être dégagée, et cette folie c'est la religion, c'est le fond de toute religion et le fond de la société même, car nous ne pouvons vraiment nous unir entre nous qu'en nous unissant à notre principe, et nous ne pouvons nous unir qu'en nous donnant. Hors de ce don joyeux de soi même, nous ne trouvons sous le nom de religion que des spéculations impuissantes, des gestes niais et l'esclavage.

Il y a donc un Christianisme intérieur, indépendant de tout ce qu'on appelle dogme, qui subsiste encore aujourd'hui chez bien des gens affranchis du dogme et qui consiste uniquement dans une condition de l'âme, dans une direction de la volonté. Mais que la morale se fonde sur la métaphysique ou la métaphysique sur la morale, la solidarité qui les unit ne saurait être longtemps méconnue. Le dévouement, tel est l'idéal moral qui subsiste au fond des consciences. Si nous sommes des êtres séparés, possédant de nous-mêmes une existence indépendante, ou si nous ne sommes que des flocons d'impressions fugitives comme l'enseignent d'ingénieux contemporains, le dévouement ne rime à rien, il est absurde, ce qui ne l'empêcherait peut-être pas d'inspirer la conduite de tel qui devrait le trouver absurde. Eh bien! nous sentir absurdes ne nous convient point : la pensée et le cœur cherchent à se mettre d'accord, c'est un besoin pour tous les deux. Le bonheur du dévouement ne saurait résider dans l'acte de supprimer notre existence contingente au profit d'une existence toute semblable, car ce qui serait vrai pour celui qui se dévoue le serait également pour l'objet du sacrifice ; de sorte que le néant serait en lui-même le but et le bien.

Il n'en est rien. La fin du dévouement n'est pas substitution, c'est communion. Nous ne nous donnons pas pour nous détruire, car dans ce cas l'égoïsme serait encore notre vrai mobile; nous nous donnons pour affirmer, pour glorifier l'universel, et le motif profond de notre joie est en réalité la conscience de nous retrouver dans l'universel.

La pensée n'est autre chose que le déploiement du cœur, la métaphysique est anatomie. En séparant les fibres du cœur avec le scalpel du métaphysicien, vous trouvez dans l'impulsion du dévouement l'affirmation de l'universel, de la loi morale absolue, du bien en soi — puis l'affirmation de notre valeur propre dans la communion des esprits, le titre de notre noblesse et notre immortalité dans la mort, par la mort, grâce à la mort. « *Auvergne! à moi, c'est l'ennemi!* » cette réminiscence enfantine qui mouille les yeux du vieillard, voilà pour lui la grande apologie et la substance de la religion.

Quel mysticisme! va s'écrier un homme d'esprit, et quand ce mot terrible sera sorti de ses lèvres, notre procès sera jugé sans appel. Pour du mysticisme, c'est du mysticisme; cette qualification, dont l'emploi banal accuse le vague des idées et la corruption du langage, trouve ici l'application la plus correcte. Elle est mystique assurément, mystérieuse, indéfinissable cette concentration de toutes les sphères de l'être, cette fusion de toutes les facultés de l'esprit, cette transparence de l'unité dans le multiple, du parfait dans le misérable, de l'infini dans le fini, cette énergie d'un sentiment qui est une vue et qui est un vouloir. L'âme saisit de la vérité ce qu'il lui faut pour l'affirmer et pour en vivre et elle n'en aperçoit rien au delà. Comment elle apprend ces choses, sur quels fondements porte sa confiance, elle est incapable de nous le dire. Comment peut-on se représenter, préciser ces choses : la source de l'être, le foyer des esprits, la communion des esprits, la vie à venir? Lorsqu'on l'essaie, on trouve partout des impasses. Les dogmatiques sont des œuvres d'art, mais des œuvres d'un art condamné fatalement à l'impuissance, puisqu'il se propose d'emprisonner l'infini dans une chambre et d'en tailler l'image dans les petits matériaux fragiles qui suffisent tout au plus à la fabrication de nos baraques et de nos pots.

En essayant d'appliquer à Dieu les représentations de notre vie morale, nous aboutissons tous promptement à quelque blasphème, auquel celui qui s'en rend compte répond naturellement par un anathème; car il s'agit de choses sacrées, sur lesquelles il ne faut pas tolérer d'erreur. Mais celui qui condamne, et qui condamne avec raison, n'en sait pas plus long que l'autre, et va le prouver tantôt par quelque abomination plus grave encore. L'histoire de la théologie est quelque chose d'insensé. C'est en s'efforçant de corriger l'anthropomorphisme naïf des livres hébreux qu'elle a commis ses énormités les moins pardonnables.

Nous comprenons l'origine de l'anthropomorphisme et nous en comprenons l'inanité; nous comprenons que le principe, la substance et la raison de tout ne saurait être une personne au sens où nous sommes une personne; mais nous avons besoin d'un Dieu que nous puissions aimer, d'un Dieu qui nous aime, d'un Dieu qui nous entende et qui nous parle. Cet impossible, il nous le faut; nous n'y saurions renoncer qu'en tarissant en nous la source de la vie; c'est pourquoi nous pouvons et nous voulons croire que Dieu nous entend; parfois nous croyons même ouïr sa réponse.

Au delà du besoin satisfait nous ne savons rien de Dieu. Mais si nous avons besoin de Dieu, si nous le cherchons, c'est pour qu'il nous élève à Lui, pour qu'il nous fasse trouver le bonheur en Lui, pour qu'il nous aide à nous confondre avec Lui. Nous ne saurions le trouver en nous séparant de l'humanité: c'est nous dilater qu'il nous faut et non pas nous rétrécir. Nous ne saurions trouver Dieu qu'en nous dévouant à l'humanité.

Mourir pour la patrie,
C'est le sort le plus beau, le plus digne d'envie,

ce refrain d'une année mémorable, paraît d'abord un brin ridicule. Nous l'avons déjà fait entendre : donner sa vie à l'unique fin de procurer quelques avantages sur leurs voisins aux habitants du morceau de terre où l'a fait tomber sa naissance peut sembler un pauvre idéal à l'esprit qui scrute l'étoile et qui sonde l'éternité. Mais si l'on voit dans la patrie la portion du monde qu'on peut comprendre et sur laquelle on peut agir, si l'on entend sous le nom de patrie la représentation de l'universel, alors cette éjaculation résume tout ce que nous pouvons affirmer avec certitude. Le patriotisme, disions-nous tout à l'heure, est une lueur empruntée au flambeau de la religion et qui doit finir par s'éteindre avec elle. N'est-ce pas plutôt une étincelle qui conserve la substance du foyer dont elle est partie, et qui peut servir à le rallumer?

Le dévouement, telle est la pratique où la science est enveloppée. La possibilité d'un dévouement parfait implique en effet d'un côté la réalité d'un objet qui en soit vraiment digne, puis l'utilité de notre sacrifice pour cet objet. L'apparente contradiction de cette double prémisse vient se résoudre en l'idée d'un Dieu qui, par l'effet même de son amour pour l'humanité, la laisserait disposer sa destinée. Admettez l'existence d'un Dieu pareil et mourir pour la patrie revient à mourir pour son service.

III

Mais se figurer le dévouement n'est pas assez pour être religieux; tandis que le pratiquer sans intermittence et sans insuffisance serait davantage : ce serait vivre de la vie divine elle-même. La religion tient du besoin ; c'est pour cela que les orgueilleux la répudient. L'idéal qu'elle nous propose dépasse nos forces, mais en nous examinant à la lumière que projette cet idéal, nous ne tardons pas à reconnaître que nous n'avons pas même fait tout le bien auquel ce peu de force aurait suffi. Par un chemin qu'il est aisé d'embrasser du regard, la morale du dévouement conduit à la religion du repentir. Le repentir, la componction, l'humilité sont à la racine de toute religion véritable, et la seule humilité légitime est l'humiliation du repentir. Nous ne saurions nous humilier des choses dont nous ne sommes pas responsables. Si nous étions par nous mêmes ıncapables d'aucun bien, comme disent les ·rotestants dans leurs liturgies, le bien n'au-ait pas de rapport avec nous, et nous ne trou-erions aucun sujet de regret dans une con-uite conforme à notre nature. Mais nous 'avons pas fait ce que nous étions capables e faire, nous avons prostitué notre noblesse, est là-dessus qu'il faut pleurer. Dieu le per-ıet, si tout dans la religion n'est pas chimé-ique. L'Evangile est le livre des cœurs brisés. .e maître des Evangiles parle avec une élo-uence naïve de la joie qui accueille au ciel la epentance d'un seul pécheur.

Les motifs qui ramènent l'enfant prodigue u foyer paternel n'ont rien de particulière-ıent élevé ; néanmoins il y a de l'infini dans paysage qui l'environne. « Voici je me lève-rai, j'irai vers mon Père et je lui dirai : Mon père j'ai péché contre le ciel et contre toi ! » e sanglot dit tout, c'est le salut de l'huma-ité. Dans sa belle toile de Schaffhouse, Charles ·leyre, qui avait beaucoup d'esprit et beau-oup de cœur, a complété le tableau du retour ar une mère, dont la parabole ne parle pas. .a figure admirable de cette mère donne ourtant à l'ensemble un réalisme où s'éva-ouit l'intention du divin poète. Invisible, la mère ne manque point dans le récit original, elle le remplit tout entier. Et c'est dans le giron de cette maternité divine que les cœurs affligés trouvent le repos. Je dis maternité divine : sans être tout à fait satisfaisant, ce mot est entre tous ceux que fournit la langue le plus propre à désigner le corrélatif céleste de ce qui sur la terre est la religion[1].

Le culte de Marie, cher à des portions considérables de la chrétienté, ne trouve guère où s'appuyer dans les documents chrétiens primitifs, mais il surgit spontanément comme un correctif presque nécessaire à cet anthropomorphisme aveugle du langage en suite duquel Dieu se présente à l'imagination sous les attributs du sexe fort. Sans avoir le sérieux de la vertu morale, ni même celui de la pensée scientifique, le culte de Notre Dame est d'un degré de sérieux supérieur à la fantaisie qui orne d'une barbe majestueuse le menton du Père éternel. Du moment qu'on appuie

[1] Une femme oublie-t-elle l'enfant qu'elle allaite, n'a-t-elle pas pitié du fruit de ses entrailles. Quand elle l'oublierait, je ne t'oublierai point. Es. XLIX, 15.

« Vous serez allaités, vous serez portés sur les bras, et caressés sur les genoux. Comme un homme que sa mère console, ainsi je vous consolerai, dit l'Eternel à son peuple en captivité. » Es. LXVI, 12.

sur les métaphores, du moment qu'on permet à l'imagination d'entrer en jeu dans le domaine de la piété, il faut bien en supporter les conséquences : Si les vierges ont un céleste époux, il convient que les pages et les bacheliers aient une dame. Il fallait un symbole à la maternité divine.

Ce n'est pas à la nuit, comme fait le poète, ami de ma jeunesse, c'est bien à cette maternité que je voudrais dire :

> Cache-moi sous les plis de ta robe étoilée [1]

Oui, ces plis ténébreux, ce manteau de la tendresse infinie nous y voulons ensevelir notre douleur et notre honte, nous y voulons vivre et mourir.

A défaut du martyre, qui est trop beau pour nous, il nous reste la mort intérieure de la pénitence, qui nous fait entrer dans la vérité, qui nous restaure à la liberté. Pour atteindre au dévouement il faut d'abord nous posséder, il faut nous être affranchis du joug que font peser sur nous l'égoïsme et les passions. Dès qu'elle conçoit un noble idéal, l'âme s'avise qu'elle a besoin d'un changement intérieur,

[1] Frédéric Monneron.

d'une conversion, pour pouvoir l'atteindre. Conversion est le terme technique et ce mot technique est excellent. Les hommes qui s'estiment bons eux-mêmes n'ont de la bonté qu'une idée assez maigre, si ce n'est une idée fausse et dépravée, comme la plupart de celles du siècle où les mots *sensible* et *bon* étaient pris pour synonymes.

Humiliation intérieure, besoin de changer ou plutôt besoin d'être changé — car si nous pouvions nous changer nous-mêmes à notre gré, nous n'aurions pas besoin de l'être — telle serait donc la première étape. Mais le désir ne suffit pas à la religion, le désir tout seul se perd dans le vide, nous avons besoin d'être reliés, rattachés à quelque chose, et ce quelque chose, il faut en quelque mesure le posséder intérieurement. Certains hommes prétendent que Dieu leur parle de cette manière et que ce muet langage est d'une douceur pénétrante. Ce sont vraisemblablement des hallucinés, mais ces hallucinés sont bien heureux et font quelquefois d'assez grandes choses; c'est la race des Elisabeth Fry, des Florence Nightingale, des Livingstone, des Vincent de Paule. A défaut de ces émotions, à défaut d'un changement des affections et de la conduite qu'on peut toujours révoquer en doute aussi longtemps qu'il n'est pas complet, et dont il est d'autant plus naturel de douter pour soi-même que le progrès accompli relève l'idéal et rend la conscience plus exigeante, il faut du moins garder l'espoir du changement qui se fait attendre, il faut croire qu'il y a en nous, hors de nous, au-dessus de nous, il n'importe, quelque chose ou quelqu'un qui a la puissance d'opérer ce changement. L'idéal moral une fois conçu, le repentir et la confiance en un pouvoir régénérateur nous semblent former l'essence même de la religion. « Je voudrais te glorifier en servant mes » frères, je n'y parviens pas, rends m'en ca- » pable, tu peux le faire, tu veux le faire, » fais-le maintenant ! » voilà la supplication de l'homme religieux, et cette supplication fait sa vie.

IV

Maintenant, si vous demandez aux chrétiens comment ils conçoivent l'objet de leur culte et la réalisation de leur idéal, ils vous exposeront, bien ou mal, ces combinaisons systématiques dont nous avons déjà touché quelques mots. Si vous leur demandez quelles sont leurs raisons pour croire à la réalité de ces conceptions et le fondement de leur espérance, vous obtiendrez des réponses assez différentes les unes des autres, mais dont aucune n'est de nature à satisfaire aux exigences d'un esprit critique.

Ceux-ci vous diront qu'ils croient sur l'autorité de l'Eglise, c'est-à-dire d'un corps de prêtres qui se recrute lui-même et dont vous connaissez quelques spécimens de valeur inégale. Puis, si vous demandez à cette Eglise les preuves de son autorité, elle invoquera le sens qu'elle attribue à quelques passages d'écrits qu'elle a choisis elle-même pour les déclarer infaillibles et pour interpréter suivant ses lumières ces textes soustraits à notre examen. L'infaillibilité de l'Eglise est établie par l'infaillibilité d'un livre que l'Eglise nous octroie et dont elle fixe le sens infailliblement. Le vice d'un tel cercle est si patent, si parfaitement écrasant qu'on ne comprendrait pas comment un seul homme raisonnable pourrait encore s'en accommoder de bonne foi, si derrière le sophisme on n'apercevait d'autres raisons qui, sans valoir peut-être mieux pour l'impartialité du logicien, ont sur l'âme une plus forte prise que ce semblant de preuve historique. Ceux qu'ont touchés les discours attribués à Jésus-Christ, ceux qui ont besoin d'un Sauveur et qui le cherchent ne sont pas impartiaux : ils sont pressés de s'attacher à quelque chose, et leur soif de certitude ne leur permet pas d'être difficiles en fait de preuves. Chacun de nous a besoin de la vérité, chacun n'est pas capable d'atteindre par lui-même à la vérité; celui qui par faveur de génie ou de fortune en aurait fait la découverte ne saurait l'embrasser avec une confiance absolue s'il ne réussissait à faire partager sa conviction. Comme il nous faut un sauveur hors de nous, il nous faut, semble-t-il, trouver hors de nous les moyens de le reconnaître et de savoir ce qu'il nous demande. Dieu nous doit un guide, dira le fidèle, qui se flatte de savoir déjà sans le secours de ce guide qu'il existe vraiment un Dieu.

On fait ainsi autour de l'idée de Dieu un circuit pareil au circuit déjà décrit comme s'opérant autour du Saint-Livre, et l'infaillibilité papale est fondée. On marchande d'autant moins le crédit à la sainte Eglise que cette bonne mère veut bien nous soulager du plus accablant des fardeaux, le poids de notre conscience personnelle. Que désormais votre cœur vous absolve ou vous condamne, il n'importe, vous raconterez votre affaire au confesseur; il fixera votre pénitence et tout sera dit. Dans la pratique, c'est encore mieux : ce dévouement dont Jésus-Christ a donné l'exemple et le précepte, c'est assurément ce qu'il y a de plus beau, mais l'imiter est bien difficile; les compassions de Dieu, qui sont infinies, nous offrent le salut à moins de frais. Le sacrifice de soi-même est une vertu surérogatoire, qui, suivant le désir des Saints eux-mêmes, va permettre à d'autres de commettre impunément bien des péchés. Le contraste entre l'idéal et la réalité ne choque plus, du moment où l'idéal s'est évanoui. L'idéal, c'est la sainteté, sur laquelle nous n'élevons aucune prétention quelconque. Nous nous contentons d'éviter l'enfer; dès-lors le cœur brisé n'est plus nécessaire, on peut vivre pour ses plaisirs et suivre ses goûts en toute assurance, il suffit pour le salut d'aller à confesse et manger du poisson le vendredi. L'Eglise découvre les perspectives les plus magnifiques aux généreux que l'ambition du Paradis conduit bientôt, sans peut-être qu'ils s'en doutent, à l'amour du bien pour le bien. Elle admire les grands repentirs, elle encourage les grands sacrifices. Elle est riche en grandes œuvres, en belles pensées, et si nous ne pouvions pas puiser dans ses fontaines, nous risquerions souvent de nous trouver à sec. Elle compte dans ses rangs d'excellents chrétiens, et les honore aussi longtemps qu'ils ne gênent pas sa politique ; mais elle ne demande au gros du troupeau rien qui ressemble au changement des dispositions intérieures, si bien que la masse qu'elle administre ne soupçonne pas même en quoi consiste la religion. Rien n'est mieux conçu, mieux imaginé, mieux balancé pour endormir les consciences, et l'on ne comprendrait pas comment les peuples en viennent à se dégoûter de procédés aussi commodes, si l'on ne savait que les narcotiques ont à la longue des effets mortels. On a si bien imposé silence aux voix intérieures que, pour un certain temps du moins, le besoin d'une religion quelconque n'est plus senti par un grand nombre. Mais un tel affranchissement coûte bien cher, sans qu'on s'en doute. Quand la piété s'appelle *cléricalisme* et que *laïque* signifie athée, le retour au singe est fort avancé.

Ainsi l'on s'appuyait sur la foi de l'Eglise sans se demander à quels signes il était possible de reconnaître la véritable Eglise de Dieu. Sans approfondir et même sans s'assimiler l'enseignement de l'Eglise, on se reposait pour son salut sur les mérites de l'Eglise. Celle-ci fit tant et si bien que ses serviteurs les plus sincères finirent ci et là par comprendre la vanité de ses prétentions, en constatant une opposition radicale entre l'esprit dont elle était animée et l'esprit du maître auquel elle attribuait sa constitution. La Réforme entendit remonter au christianisme primitif, sans renoncer à trouver hors de la conscience individuelle une doctrine explicite qui servît de règle à la foi, de base commune à la société. Elle ne renonça pas même à la prétention d'imposer, elle aussi, sa vérité par la contrainte. L'opulence de l'Eglise et la convoitise des gens d'épée firent triompher en divers lieux cette Réforme, dont le trait le plus caractéristique fut d'attribuer dans chaque pays aux princes faillibles l'autorité du pontife infaillible. Elle continua d'ailleurs fidèlement à placer dans des doctrines métaphysiques péniblement élaborées la propre essence de la religion. L'idée du but de la religion ne change point : c'est toujours le salut, qui consiste toujours à se trouver après la mort placé dans une existence heureuse, au lieu des tourments que nous auraient mérités nos péchés. Mais les réformés n'admettent plus que nous arrivions à ce salut par la voie des œuvres, c'est-à-dire par la fidèle observation des rites, ce qui rendrait le sacrifice de Jésus-Christ insuffisant, pour ne pas dire inutile. Suivant les réformateurs, les souffrances de Dieu le Fils auraient pleinement la vertu d'expier toutes les fautes de l'humanité, et néanmoins l'œuvre du salut n'embrasse pas toute l'humanité, pour obtenir cette grâce il faut posséder la foi; la condition nécessaire et suffisante pour avoir part aux félicités de la vie à venir, c'est la persuasion que les mérites de Jésus-Christ nous vaudront infailliblement ces félicités. Guidés par les plus illustres docteurs de l'ancienne Eglise, les théologiens de la Réforme ont cru trouver dans les lettres de l'apôtre Paul cette doctrine, qui n'est peut-être pas exactement conforme à l'enseignement de Jésus-Christ. Dans la parabole des talents, ce n'est pas une félicité passive, c'est une responsabilité supérieure que le maître donne en récompense au gérant habile des capitaux confiés à son administration. La foi que préconise l'auteur des paraboles n'est pas une foi qui béatifie, mais une foi dont un grain suffit à déplacer les montagnes, c'est-à-dire une puissance d'action. Au reste nous n'avons pas à scruter les dogmes des réformés, qui ont déjà changé quelquefois, et qui varieront peut-être encore, s'ils ne sont pas en travail de métamorphose à cette heure même. Ce qu'il nous importe de leur demander, c'est leur façon d'établir le dogme, le fondement qu'ils assignent à leur certitude. Ils ont répondu jusqu'ici : l'Ecriture-Sainte, acceptant sans autre examen à titre de lumière infaillible et d'autorité suprême une collection d'écrits divers transmis comme inspirés par une Eglise dont ils ne reconnaissent point l'autorité. Ces livres ont été dictés mot à mot par le Saint-Esprit, doctrine d'autant plus satisfaisante qu'elle permet à chacun d'enseigner ce qui lui plaît, sûr de trouver dans les saints livres une parole dont il se puisse autoriser. Et ce qui prouve que ces livres ont été dictés par le Saint-Esprit, c'est que l'un deux dit quelque chose de semblable des livres hébreux dont se compose l'Ancien Testament ! Il faut bien se contenter de raisons semblables, quoi que puissent objecter la logique et le sens commun ; car de fonder la divine autorité des écrits évangéliques sur l'excellence de leur contenu, ce serait ériger le sens individuel en juge suprême de la vérité, ce serait renoncer à toute autorité reconnue de tous qui puisse servir de base à l'Eglise : plus encore, ce serait nous ôter le pain de la bouche. Notre espérance n'aurait plus de fondement assuré, notre besoin de croire n'aurait plus d'objet précis.

Les protestants se retrouvent ainsi dans l'*a priori* comme ceux de Rome. Dieu doit un Livre infaillible comme il doit un Pape infaillible. Les raisons d'affirmer sont les mêmes ; l'esprit les tire de son besoin. Seulement si le besoin d'un fondement objectif et palpable de mes croyances était bien réel, le Pape infaillible y répondrait plus complètement. C'est le couronnement de l'édifice, c'est la conclusion logique des prémisses, on l'a déjà dit mille fois.

Dans ces chrétientés du Nord, l'interprétation des Ecritures est nominalement laissée à chaque fidèle, malgré les confessions de foi que leurs Eglises ont élaborées, et dont elles ont imposé le respect à leurs fonctionnaires. Dès lors on ne pouvait se passer d'étude critique pour établir la pureté de ces textes, dont les manuscrits contiennent de nombreuses variantes. Du moment où l'on n'admettait pas l'infaillibilité des Conciles et des Pères, la question d'authenticité se posait à part au sujet de chaque livre. Puis dès qu'on allait au détail, il était impossible de fermer les yeux sur d'innombrables divergences soit dans les récits des faits, soit même dans les doctrines. Bref, le libre examen ne se laisse pas ligotter ; la question de l'inspiration s'est relevée; la logique avait contraint de l'affirmer dans la forme la plus absolue, l'évidence des faits força d'en rabattre, et la diversité des opinions s'est fait jour sur cette question comme sur toutes les autres. L'inspiration littérale de tout le recueil ne compte plus beaucoup de défenseurs parmi les hommes de science, mais plusieurs enseignent une inspiration qui, sans être littérale, rend exactement les mêmes services. Suivant quelques-uns, nul texte ne peut être allégué comme une autorité qui suffise à légitimer une doctrine, sinon les paroles mêmes de Jésus-Christ, ce qui donnerait encore la base cherchée si l'on avait un critère infaillible qui permît de constater l'authenticité des paroles mises dans la bouche du divin Maître[1]. Les derniers enfin n'admettent aucune inspiration quelconque, sinon dans un sens tout à fait général, applicable à d'autres ouvrages qu'à nos Testaments. Pour apprécier la vérité des doctrines, ils se fient à leur sens spirituel, à leur conscience chrétienne, c'est-à-dire en fin de compte, à leur raison, qui peut sans doute être plus ou moins inspirée elle-même. Eglise, Ecriture, autorité vivante, autorité immuable, il est également illusoire, également dangereux de chercher nulle part un point fixe hors de soi. Pour trouver la vérité dans les Ecritures, nous avons besoin d'une lumière intérieure qui nous permette de la discerner.

On ne manquera pas d'objecter que ce discernement spirituel, si quelques-uns l'avaient en partage, se serait formé par le commerce des Ecritures, entendues d'abord inévitablement suivant les interprétations traditionnelles. Nous n'en voulons point disconvenir, mais ceci n'est-il pas la *forme* du dévelop-

[1] Voyez *De l'incroyance à la foi,* brochure curieuse, éditée par Fischbacher, à Paris. L'auteur établit par des exemples topiques le fait que les plus grands parmi les disciples de Jésus n'ont pas compris la portée des paroles qu'ils lui attribuent, ce qui en démontre surabondamment l'authenticité.

pement universel? S'il existe une Providence, n'est-ce pas la méthode de la Providence de nous conduire par l'erreur à la vérité? Le doute absolu peut-il être autre chose qu'une attitude voulue? Le progrès ne consiste-t-il pas à corriger incessamment nos préjugés et nos habitudes? N'est-ce pas toujours en appliquant la force vive de l'esprit à la formule de la veille qu'on arrive à la formule du lendemain, et toute insuffisante qu'elle puisse être, n'est-ce pas la formule de la veille qui a nourri la force vive de notre esprit? Nous est-il interdit de croire que notre esprit est éclairé par l'Esprit véritable quand nous avons cherché d'un effort sincère à nous placer dans sa communion? Ainsi, comme la fumée d'encens, l'ascension de la pensée à la vérité se poursuivrait en spirale. Quand par salut nous n'entendons plus la perspective de la jouissance, mais l'épanouissement de la volonté, la doctrine du salut par la foi prend une signification plus satisfaisante, l'opposition de la foi et des œuvres s'évanouit, parce que la notion même de la foi s'est transfigurée. Alors seulement nous comprenons de quel droit un apôtre du Christ a pu nous demander de lui montrer notre foi par nos œuvres, la foi n'étant plus à nos yeux l'admission de certains faits, l'adhésion à certaines doctrines, mais la confiance en Dieu, mais un pouvoir d'agir impliqué dans la conviction que notre chaîne est brisée et que notre travail aboutira. Maintenant quel est le fondement de cette nouvelle espérance?

Le christianisme de Rome et celui de Genève ont au premier aspect bien des points communs. Quelle est donc la démonstration de ces doctrines que les Eglises elles-mêmes ne refuseraient pas d'appeler le christianisme universel? On érige le Christ en Dieu pour pouvoir attribuer à son sacrifice une valeur expiatoire indéfinie. Mais qu'est-ce que l'expiation? Admettons, pour abréger, que la justice absolue exige punition pour le péché. La peine soufferte par un innocent satisfait-elle à la justice, cet innocent fût-il un Dieu? Dans les églises qui ont le droit de varier, on s'accorde à peu près à réprouver cette notion barbare[1]. Mais, la substitution écartée, que reste-t-il de sai-

[1] L'adjectif est pris ici dans son sens historique. La doctrine de la rédemption par substitution, dont saint Anselme a donné la formule, porte le cachet d'une époque où la peine du crime et la compensation du dommage (qui peut être opérée par un tiers) se confondaient dans la législation, et par conséquent dans la conscience populaire.

sissable? Et cette divinité du Fils, comment faut-il l'entendre? Comment concilier l'éternel engendrement du dogme orthodoxe avec la subordination au Père qu'enseignent si clairement Jésus lui-même et tous ses apôtres? Comment affirmer ensemble l'humanité et la divinité de Jésus-Christ sans retomber dans la juxtaposition de deux natures en une personne, dont le caractère artificiel est si répugnant[1]? Comment concilier l'universalité de la corruption morale avec la responsabilité des individus? Je ne suis pas sûr qu'il n'y ait aucun moyen de s'orienter dans ce dédale. Je ne prétends pas que sans infirmer l'inspiration des Ecritures, qui n'a jamais dispensé de choisir dans les Ecritures, on ne trouvera pas une méthode pour y discerner la vérité; je ne dis pas qu'un esprit attentif et soumis ne parviendra jamais, quoi qu'il fasse, à formuler quelques doctrines chrétiennes de manière à se conten-

[1] Au moment où nous essayons de corriger ces pages, une controverse véhémente sévit dans le protestantisme de langue française au sujet de la divinité de Jésus-Christ. Les deux partis l'affirment également; mais les uns la font consister dans une sainteté parfaite; tandis que les autres refusent de tenir saint et divin comme des termes synonymes, et réclament une différence *essentielle*. Savent-ils ce que c'est qu'une essence? Comprennent-ils ce que c'est qu'une essence, une substance qui n'est pas divine? Et s'ils ne comprennent pas, n'en reviennent-ils pas à faire consister la foi dans la profession de formules vides?

ter lui-même. Je dis seulement que de tels résultats n'obtiendront jamais l'évidence nécessaire pour se faire accepter librement comme expression de la foi collective par une communauté dont les membres tiendraient à savoir ce qu'ils pensent et ce qu'ils veulent. Tout esprit actif peut essayer de se construire une théologie et faire agréer ses formules autour de lui, mais nous chercherions en vain sur quelles bases il serait possible d'asseoir une théologie capable de supporter un examen scientifique. Il y a des faits certains : on ne saurait sans parti pris contester l'existence du prédicateur de Nazareth, mais les faits historiquement établis sont susceptibles des interprétations les plus diverses. Le départ de l'histoire et de la légende ne s'effectue que par des coups d'autorité s'il ne reste une affaire de discernement individuel. On se passionne pour ou contre la possibilité du miracle, en alléguant des raisons *a priori* dont nul ne saisit vraiment la portée; puis, le surnaturel écarté en principe, on voit surgir la question, plus scabreuse aujourd'hui que jamais, de savoir où l'ordre naturel finit, où le surnaturel commence. Les plus illustres docteurs de l'ancienne Eglise avaient déjà fait l'aveu que les définitions et les dogmes théologiques ne pouvaient pas être l'expression exacte de la vérité, mais seulement des à peu près ou des symboles, ce qui n'a pas détourné l'Eglise d'en imposer la profession par des supplices. Les réformés donneraient gros pour n'avoir rien de pareil dans leur histoire. L'infaillibilité, dont le nœud coulant étrangle l'Eglise romaine, l'oblige à maintenir l'excellence de façons d'agir qu'elle aurait aujourd'hui tout intérêt à répudier; et dont son adresse à manipuler l'histoire lui rendrait facile de se blanchir. Au fond, elle est conséquente : si la pratique du bien peut être imposée, s'il est bien de condamner l'erreur et de professer la vérité, si la vérité religieuse est démontrable, il faut l'imposer, et punir ceux qui ne la reconnaissent pas. Ultramontain, jacobin, positiviste, il n'importe, l'empire appartient à la vérité démontrée, dans tout dogmatique il y a l'étoffe d'un inquisiteur. Mais pour importante que soit la question de savoir jusqu'à quel point il est possible, avantageux et légitime d'imposer la vérité par la contrainte, en matière religieuse cette question ne trouve plus où se poser, puisqu'on ne possède sous une forme accessible et communicable ni la base de faits nécessaire pour asseoir une religion, ni les instruments convenables à l'érection d'un tel édifice.

Et pourtant, sans religion, l'humanité s'écroule. Tandis qu'elle se vante encore, elle défaille : à l'heure même où toutes les forces de la nature, éveillées et soumises par ses inventions éblouissantes, viennent se placer à son service, son sang s'échappe par tous ses pores. Nul centre d'attraction où ses éléments épars se rassemblent, rien au-dessus de l'homme, rien en lui-même, rien, sinon des hochets dont il se lasse, les poursuites de l'amour-propre, dont la vanité le rend méprisable et ridicule à ses propres yeux, enfin le joyau, le vrai trésor, le plaisir des sens, cette suprême trahison de la nature, qui l'épuise en l'écœurant, dans une amertume inexprimable.

V

Nous ne saurions vivre sans une croyance et nous ne trouvons pas hors de nous les moyens d'en fonder une ; c'est pour bonnes raisons que tous les révélateurs sont suspects. Ils doivent prouver leur mission, établir leurs titres, et l'événement montre assez qu'aucun d'eux n'en a produit d'une évidence irrécusable. Que faut-il donc faire? Car il faut faire quelque chose, le désespoir ne sert de rien. — Ce qu'il reste à faire est bien simple. Puisque nous ne trouvons rien hors de nous, cherchons en nous-mêmes. Revenons aux points où nos jalons sont plantés, bâtissons sur notre terrain, creusons dans le champ de la religion naturelle. Que cette religion dite naturelle soit elle-même un fruit de l'histoire, nous n'en saurions disconvenir : la nature n'est qu'une histoire. Il faut bien qu'elle ait un but, cette histoire, un progrès sans terme n'est pas un progrès.

Nous ne renonçons point à la vérité définitive, invariable ; mais ce qu'il nous faut avant tout, c'est la vérité de notre vie, c'est l'harmonie en nous-mêmes, et cette harmonie, il nous la faut, non dans l'isolement, mais dans la communion de l'humanité. Nous sommes satisfaits de notre idéal : ce qui est beau, c'est le dévouement ; le dévouement, c'est le bien, le dévouement, c'est la vérité. Cette vérité, nous l'admirons sans la pratiquer, nous nous sentons vis-à-vis d'elle insuffisants, impuissants, misérables et coupables. Nous pressons de la main notre blessure ; notre dernier honneur c'est de la sentir ; plus nous la sentons, mieux nous valons ; ceux qui se vantent, mentent.

Néanmoins nous ne pouvons pas, nous ne

voulons pas, nous ne devons pas désespérer. Il faut espérer pour agir, et l'ordre est d'agir. Il y a donc quelque part une ressource, une grâce, un puits de force qui pourrait nous rendre capables de faire ce que nous savons devoir être fait. Dès lors, certes, cette fontaine de grâce, notre premier soin doit être de la chercher, le second d'y boire à longs traits lorsque nous l'aurons trouvée. Telle est, dans mon intime conviction, la vraie preuve de l'existence de Dieu, celle dont tous les arguments de l'Ecole tiraient leur force, s'ils ont jamais prouvé quelque chose à quelqu'un. Si vous croyez en Dieu sur les assurances du prêtre ou de votre mère, priez bravement, priez fréquemment, priez sans relâche, en demandant ce que vous savez qu'il serait bon d'obtenir : le redressement de votre conduite, la conversion de votre cœur. Alors votre foi de seconde main, qui vous serait bien inutile si vous vous borniez à la posséder dans l'inertie, et qui d'ailleurs risquerait fort de succomber aux arguments d'une critique purement intellectuelle, se transformera graduellement en certitude expérimentale, lorsque vous aurez appris à vous en servir et que vous en constaterez les effets dans votre vie. Si vous n'avez que votre besoin, priez aussi, jetez-vous bravement dans cette onde obscure : vous n'y périrez pas. Voilà l'eau bénite qu'il faut prendre pour vous abêtir ! Eh, pourquoi pas? Est-il vraiment si déraisonnable d'invoquer une puissance dont la réalité ne nous paraît pas établie? Si vous ne pouvez pas vous relever d'une chute, ou si vous êtes attaqué sur le chemin, ne crierez-vous pas à l'aide, sans savoir s'il y a quelqu'un à portée de vous secourir? Priez Dieu, s'il existe, de vous montrer la route à suivre et de vous donner des jambes pour y marcher. Puis, ne vous faites pas beau de votre ignorance, n'affectez pas les airs dégagés d'un fils de Voltaire, prenez devant ce Dieu problématique une attitude conforme à ce que vous savez assez de vous-même. De Dieu, vous ne savez rien encore ; mais vos lâchetés, vous les connaissez. Jetez-vous à terre, rentrez dans votre néant, et, dans la nuit du repentir, vous verrez poindre une lumière qui deviendra peu à peu distincte, brillante, éclatante, et qui finira par vous éblouir. C'est le Dieu de la conscience coupable, le Dieu que la jeune humanité tâchait d'apaiser par de sanglants sacrifices et que notre génération vieillotte s'efforce aujourd'hui d'oublier dans son carnaval imbécile.

Ne vous relevez pas ! priez toujours, demandez grâce, et bientôt, que sais-je, demain peut-être ou dans cinquante ans, un autre acteur remplira la scène invisible. Cette prière où vous persisterez, faute de mieux, sans en éprouver un bienfait appréciable à votre jugement, quoiqu'elle vous ait probablement empêché d'ajouter bien des sottises aux sottises que vous avez faites, elle deviendra plus pressante, plus ardente, et vous y sentirez poindre une douceur inattendue. Vous recevrez dans la prière elle-même la réponse audible et muette à votre prière, vos yeux fatigués s'empliront de larmes nouvelles, d'une inexprimable saveur ; vous entendrez la voix d'un ami murmurer en vous ce mot si tendre qu'elle adressait à Blaise Pascal et qui revient sans cesse à ma pensée : « Tu ne me chercherais pas, si tu ne m'avais déjà trouvé. » Vous n'avez mérité que la verge et vous le savez, mais si Dieu vous aime en dépit de tout, c'est son affaire !

Ainsi Dieu s'atteste à l'expérience à la condition d'essayer. Et cet essai, nous y sommes naturellement portés. Plusieurs le négligent, le plus grand nombre peut-être dans certains milieux. L'infatuation des uns les en éloigne, d'autres, la brutalité ; mais l'enseignement religieux trouve aisément accès chez l'enfant, il y a entre eux comme une harmonie préétablie ; ce qui en détourne bientôt le grand nombre, c'est la séduction de ce qu'il réprouve, c'est l'exemple, c'est l'imitation, ce sont de nouveaux préjugés contraires à nos premiers préjugés. Les vraies raisons du doute ne portent que sur des détails, et le plus souvent ne sont point comprises. Si l'on a besoin d'un secours pour trouver sa route ou pour la suivre, il serait donc à propos de le chercher. Ceux qui l'essaieront verront bientôt que tout dans la religion n'est pas illusoire. L'objet s'en imposera lui-même à leur expérience. Tantôt c'était le regard auquel Caïn s'efforce en vain d'échapper en s'enfermant dans son tombeau, maintenant c'est un air plus pur dont s'emplit la poitrine élargie, c'est un attendrissement merveilleux, c'est un silence animé, c'est une joie qui ne laisse penser à nulle autre joie. Chose étrange, merveilleuse, bien plus étrange et bien plus merveilleuse que les dédoublements de personnalité dont on nous fait des histoires : trouver en soi, rien qu'en soi, quelque chose de meilleur que soi, de plus grand que soi, de plus grand que tout, de meilleur que tout. Et pourtant cette incarnation de l'Esprit divin se répète chaque jour en des âmes simples !

Exaltation, sans doute, aspiration chimérique, absurdité, maladie, mais encore une fois, cette maladie fait le bonheur des patients, cette absurdité les rend plus courageux et plus serviables. Ceux qui n'ont rien éprouvé de pareil encore, mais qui ne cherchent pas à se dissimuler leur indigence, feront bien d'observer au moins les effets d'une piété véritable chez d'autres personnes, s'ils ont la fortune d'en rencontrer. Il y a des figures éloquentes. L'auréole dont les peintres byzantins ceignaient le front de leurs personnages n'accuse que l'impuissance de leur art. La lumière intérieure brille sur le front même des saints, et le regard ne peut pas s'en détacher, j'en ai fait l'expérience; dans son extrême douceur elle est péremptoire : impossible de s'y tromper, instantanément on découvre en eux un foyer de pensée, un ressort d'action, une fontaine de joie, une humilité qui nous réduit à rien, une sublimité qui nous élève et nous fortifie. Réconciliés avec la loi suprême que nous fait pressentir notre idéal de charité, ils se sentent et nous les sentons vivre de la véritable vie. Ils sont entrés dans le château dont le prophète de Galilée a dit : « Je suis la porte »; ils en couronnent le parapet, dans leurs yeux on lit : Victoire ! Empressons-nous de les suivre, ils nous accueilleront à bras ouverts.

VI

Repentir et confiance, voilà donc ce qui fait en nous la substance de la religion. On peut spéculer sur les causes qui semblent imposer à tous l'obligation de ce repentir. On peut, on doit chercher à s'éclairer sur l'objet et sur les motifs de cette confiance. A cet effet, nous reprendrons les récits sur lesquels s'appuie l'enseignement religieux dont nous avons subi l'influence. Nous nous efforcerons de discerner ce qu'il y a d'historiquement certain ou de probable dans ces récits. Puis nous nous demanderons ce que ces faits valent pour nous, quel en est le rapport possible avec nos besoins spirituels, quel est en réalité leur rôle dans l'avènement de ce que hier encore on appelait la civilisation chrétienne. Peut-être arriverons-nous de la sorte à des résultats positifs. Pour mon compte personnel, je répute certaine l'existence de Jésus-Christ, authentiques la plupart des mots placés dans sa bouche, véritables la plupart des histoires évangéliques, y compris les plus merveilleuses, sans toutefois y méconnaître l'infiltration de la légende et sans me flatter d'un discernement bien précis entre la légende et le fait réel. Jésus se dit le porteur d'un divin message, l'instrument choisi pour une œuvre suprême; je le crois parce qu'il le dit, parce que la profondeur de son regard, la pénétrante intimité de ses discours m'empêchent absolument de le prendre pour un visionnaire ou pour un imposteur. Je crois en lui, je le tiens pour mon Sauveur, c'est-à-dire pour celui qui peut affranchir et qui m'affranchit du péché. Je crois cela, sans trop savoir comment la guérison s'opère, ni d'où vient qu'elle rencontre tant d'obstacles dans le monde et dans mon propre cœur. Croyant aux faits qui servent de base au Christianisme, je n'admets point qu'il soit déraisonnable d'y croire. Cependant, il m'est difficile de prendre à la lettre ce qui est dit du nom sans lequel le salut est impossible, parce que je ne puis pas comprendre que la foi salutaire ait pour objet le détail d'un récit, de quelque façon qu'on l'entende. Le salut d'un être humain ne me semble pas pouvoir tenir à ce que certains faits soient ou ne soient pas venus à sa connaissance, ni même que les préjugés de son éducation lui aient permis ou l'aient empêché d'en admettre la réalité. J'inclinerais de préférence à croire le salut acquis par Jésus-Christ aux hommes de toute langue, de tout culte et de tout climat qui, se sentant faibles et mauvais, cherchent le bien d'un cœur sincère. Tel est mon sentiment; mais croire n'est pas comprendre, et nous ne saurions renoncer à comprendre avant d'avoir tout essayé. S'expliquer le salut par Jésus-Christ, ce serait s'expliquer le monde à la lumière du salut par Jésus-Christ. Raisonnablement la dogmatique se confondrait donc avec la philosophie; une dogmatique sans philosophie, en revanche, se bornerait à combiner des notions fournies par la conversation vulgaire sans les contrôler ni les définir. De telles œuvres ne sauraient être en réalité que des fantaisies arbitraires, malgré tous les textes dont elles chercheraient à s'autoriser. Une philosophie qui s'achèverait sans embrasser les faits chrétiens les aurait exclus par là même, et lorsqu'elle en tenterait après coup l'explication, elle ne pourrait que les défigurer. La théologie historique, bâtie avec des matériaux de provenances diverses, ne pouvait être qu'une œuvre sans cohésion. La théodicée d'Augustin repose sur un idéal de perfection mathématique, peut-être esthétique, au demeurant abstrait, vide et tout à fait antipathique à l'Evangile dont toute la visée est morale, morale au sens le plus absolu, le plus exclusif. Tempérant Augustin par Aristote, séparant la morale du prêtre de celle du monde, Thomas d'Aquin augmente l'incohérence sans corriger d'une manière effective la violence des conclusions où saint Augustin s'était arrêté. Subissant l'attrait d'un maître si bien épris de la science que la science finit chez lui par devenir son propre et son unique objet, Thomas, auquel on voudrait encore aujourd'hui nous soumettre, a tracé le modèle de cette foi littérale plutôt encore qu'intellectuelle, et surtout qu'intelligente; il a réalisé l'idée de ce salut par la formule où la Réforme a si lourdement plongé. C'est d'Aristote que l'orthodoxie protestante tient sans s'en douter une conception si mal venue. A suivre l'enchaînement historique, l'hésitation sur ce point n'est guère possible. Ces conceptions hybrides ne sauraient vivre, quelque talent qu'on y dépense. La plante et l'esprit empruntent semblablement leur nourriture à la pierre qui s'effrite, à l'eau du nuage, à l'air du ciel, aux débris des végétations et des générations passées ; mais pour se les assimiler, la plante et l'esprit ont semblablement besoin de transformer ces éléments divers suivant leur forme et leur loi souveraine. La pensée chrétienne a besoin de se créer elle-même tout son matériel, tous ses outils, jusqu'au balancier propre à frapper ses catégories. Elle s'est déjà mise à l'œuvre, sans trop respecter des barrières ecclésiastiques à la garde desquelles veillent seuls des intérêts. Sur la plupart des points controversés au XVIme siècle, les protestants d'aujourd'hui me semblent plus près de Trente que de l'Institution de Calvin. En sont-ils pour cela mieux préparés à chercher le salut dans des cérémonies, en superposant les commandements de l'Eglise au commandement de Dieu ? Non certes, aujourd'hui moins que jamais ils souffriraient qu'un tiers, fût-il prêtre, se mît entre leur conscience et l'objet de leur religion. Ils n'ont besoin du prêtre pour bénir ni leurs foyers, ni leurs troupeaux, ni leurs personnes. Sur le continent, du moins, et dans leurs églises populaires, ils s'appliquent bien plutôt à effacer les restes de cléricalisme qui en déparent les institutions.

VII

Plus sérieusement on conçoit la théologie, mieux on comprend l'impossibilité de fonder sur ses résultats l'accord nécessaire à l'Eglise. Non seulement ceux-ci ne peuvent pas être démontrés, mais ils ne peuvent être que très imparfaitement compris, et les termes dont on use pour les formuler seront toujours susceptibles d'être interprétés de plusieurs façons, tellement que l'union ne saurait s'établir que sur les mots, à la condition pour le plus grand nombre de croire sur la foi d'autrui, c'est-à-dire de répéter les formules d'autrui sans avoir la prétention de leur attribuer une signification précise. Cette résignation, dirons-nous, ou cette faiblesse, n'est pas compatible avec la nature de la religion. La religion est ou n'est pas. Si elle est effectivement quelque chose, c'est la démarche suprême de l'esprit. Elle a pour objet d'établir au dedans de nous une harmonie qui nous permette de nous unir entre nous dans la commune adoration du principe de notre existence, et de réaliser ainsi dans les volontés la pénétration du Créateur et de la créature, la vie absolue, dont tout le reste ne saurait être qu'ombre, suite ou préparation. La vérité de la religion réclame dès lors le plein développement et l'entier affranchissement des facultés individuelles : elle allume et n'étouffe pas. Fonder l'Eglise sur une profession de foi, c'est donc la diminuer en en mutilant les membres; c'est la condamner à des déchirements perpétuels.

Quel parti prendre alors? Nous ne saurions renoncer à l'Eglise, l'âme ne nait pas seule et ne vit pas seule, elle a besoin de la communion, il lui faut posséder ses sœurs ou les servir, l'unité de conception que réclame l'intelligence n'est que l'indication d'un besoin plus profond, l'unité de vie. Que faire, demandez-vous? — Nous répondrons : laisser parler et laisser vivre, laisser chacun expliquer de son mieux à ses voisins la façon dont il cherche à résoudre les énigmes de l'existence, et fonder la communauté sur ce qui est déjà commun à ceux qui la cherchent, le désir, l'espérance et la charité. Une conception analogue plutôt qu'identique du bien moral, et peut-être, en quelque mesure, du bien social, un semblable désir de puiser la force, de s'en approcher à la source invisible, indescriptible qu'on appelle Dieu — n'en demandons pas davantage si nous voulons éviter les schismes, et ce qui est pire que les schismes, la compression, la convention, la fiction, le culte des mots, le formalisme et la chimère.

L'élimination des formules n'entraînerait pas la suppression du culte, dont le besoin se ferait sentir plus que jamais. Tout en restant psychologique, expérimentale, intime, ainsi qu'elle l'est déjà dans plusieurs Eglises, la prédication revêtirait sans doute un caractère plus directement pratique, en rapport immédiat avec les œuvres collectives où les troupeaux seraient engagés. Celles-ci deviendraient naturellement le premier intérêt du corps dont les membres seraient unis par des dispositions plutôt que par des opinions semblables. C'est dans la communauté du travail qu'on chercherait surtout l'édification. On entendrait bien des sermons, on chanterait bien des cantiques, mais on ne se réunirait pas uniquement pour chanter des cantiques et pour écouter des sermons. Périodiquement, on s'occuperait des affaires communes où chacun, autant que possible, aurait sa tâche assignée. Une réunion de culte où les deux sexes sont rapprochés, où les enfants de bonne heure ont leur place, ne saurait se transformer en Conseil, mais on peut mettre l'assemblée au courant de ce qui se fait et de ce qu'il reste à faire. Les membres actifs de la congrégation peuvent tenir séance après l'office. D'ailleurs, à côté des cultes en commun, dont on ne saurait se passer, on sent depuis longtemps le besoin d'en avoir d'autres. Lorsqu'on parle de leurs devoirs particuliers aux filles devant les garçons, aux maris devant leurs compagnes, aux serviteurs devant leurs maitres, il est malaisé d'aller dans le vif et d'appeler un chat un chat. Si l'on n'est pas certain d'atteindre la conscience de ceux auxquels on s'adresse, on est parfaitement sûr en revanche d'agiter l'esprit critique et la malveillance chez les auditeurs d'à côté. J'ai toujours admiré la candeur des spirituels écrivains qui se soulagent ou se divertissent en peignant au naturel les défauts et les ridicules des tantes et des parents dans leurs « écrits pour la jeunesse ». Les prédicateurs ne peuvent échapper au danger signalé qu'en se bornant à des généralités trop vagues pour pénétrer dans les consciences, et la voie moyenne où ils se tiennent nous semble parfois réunir les deux inconvénients opposés. La nécessité de spécialiser ainsi suivant les besoins du sexe, de l'âge, de la différence même des positions et de la culture est si bien sentie qu'on s'y applique déjà sérieusement dans quelques églises. Néanmoins, il y aurait tout un ensemble de réformes à combiner lorsque, cherchant l'essence de la religion dans la charité, on voudrait mettre le culte en rapport direct avec l'action. Passant sur un anthropomorphisme inévitable, et dont nous ignorons, après tout, s'il n'exprime pas une vérité rigoureuse, en parlant d'un culte agréable à Dieu, nous dirons qu'un culte agréable à Dieu ne saurait pas plus consister dans l'audition de pieux discours que dans l'encens, dans les chasubles, dans les litanies, ou dans toute œuvre quelconque accomplie hors de nous, mais uniquement dans l'offrande de notre cœur. L'objet du culte est de nous édifier, littéralement de nous construire, de nous rendre tels que nous devons être. Et si chaque fidèle est une chapelle où doit se renouveler l'éternel sacrifice, le vrai temple ici-bas c'est l'humanité. Nous ne sommes rien seuls ; la perfection dans l'isolement est une perfection chimérique ; le désert est un piège, la solitude bienheureuse ne vaut qu'à titre de préparation : comprise autrement, il n'en resterait qu'une volupté coupable ; le vrai moyen de s'édifier réellement consiste à se rendre utile ; car s'il est un Dieu, la solidarité des hommes est d'ordre divin. C'est pourquoi l'œuvre et l'exhortation, l'œuvre et l'adoration devraient être indissolublement unies dans l'organisation du service public.

Cette idée de la religion conduirait au rapprochement des Eglises. Verrons-nous le jour où, sur la montagne de Sainte-Geneviève, des catholiques, sans répudier leurs sacrements ni leur hiérarchie, des protestants sans désavouer la Réforme, des libres penseurs convaincus par l'expérience de leur faiblesse et du devoir d'y chercher remède, se réuniront pour prier ensemble et faire ensemble œuvre d'amour ? Cette utopie est notre plus chère utopie ; c'est le vœu passionné de bien des cœurs. Pour la réaliser, il n'y aurait qu'un mot à dire. Ce mot sera-t-il prononcé ?

* * *

En résumé, le besoin religieux est à la racine de notre être même. C'est la correspondance avec ce besoin qui nous fait voir dans tels faits et telles personnes une dispensation divine en faveur de l'humanité. Si nous étions tels que nous devons être, notre religion pourrait être contemplative et se terminer dans la connaissance. Mais nous ne sommes pas tels que nous devrions être, nous pouvons nous en rendre compte en nous interrogeant avec sincérité. C'est pourquoi nous avons besoin d'un salut et d'un sauveur. C'est aussi pourquoi notre lumière est obscurcie, et c'est pourquoi notre religion est une prière dont l'exaucement se démontrerait par l'action. Nous ne voyons clairement que notre devoir et notre impuissance; mais le rapprochement de ces deux certitudes implique l'obligation de chercher hors de nous une source de force que nous pourrons trouver où d'autres l'ont déjà trouvée.

Nous ne parviendrons à nous entendre que sur l'œuvre. Nous saurons ce qu'il faut savoir quand nous saurons ce qu'il faut être. Le progrès dans la connaissance se mesure à la fidélité dans la pratique de la vérité connue : tel est le principe du mysticisme. Le croire sans preuve est apparemment folie, mais s'inspirer de cette folie fait notre force, notre joie et notre honneur. « Prenez de l'eau bénite, cela vous abêtira. » A tout hasard, priez Dieu, servez Dieu, vous finirez par croire à son existence. Persistez, et vous commencerez à le comprendre.

LA PAIX

LA PAIX

TOAST PORTÉ AU BANQUET INAUGURAL
DE L'UNIVERSITÉ DE LAUSANNE, LE 10 MAI 1891.

Voyez, amis, cette barque légère
Qui de la vie essaie ici les flots ;
Elle contient gentille passagère,
Ah ! soyons-en les premiers matelots.

Ainsi disait, auprès d'un petit berceau, le chansonnier que notre jeunesse prenait sur le pied d'un prince de la poésie. Venus de toutes les parties de l'Europe pour gravir les premiers le pont pavoisé de notre « petit navire, » vous qui avez poussé la condescendance, dirai-je, ou la fraternité jusqu'à vouloir bien servir de parrains à notre enfant, permettez au plus vieux ouvrier du dock où s'est construit la modeste embarcation, au plus vieux serviteur de la maison où l'on baptise, de vous exprimer ici la reconnaissance du canton de Vaud.

Nous vous remercions, représentants de la grande Scandinavie, sœur de l'Europe, avec laquelle elle a mêlé ses destinées, terre découpée, aux grandes cascades, notre rivale en beautés naturelles, gîte des métaux rarissimes, patrie de Berzélius et de Swedenborg, de Linné, de Gustave-Adolphe.

Et vous, patrie de Thorwaldsen et d'Oehlenschlæger, nous vous remercions.

Les grandes et puissantes universités du Royaume-Uni nous ont envoyé leurs félicitations. Une seule, une des plus éloignées, St-André, s'est fait représenter personnellement à notre fête ; les autres sont trop occupées en cette saison. Elles sont toujours très occupées ; elles se multiplient, elles vont au pays pour faire rayonner sur lui de plus près la lumière et la chaleur, elles donnent au Continent un exemple précieux, même pour nous, chez qui les universités se touchent.

Nous remercions de sa bienveillante assistance cette patrie de l'art moderne qui est elle-même une œuvre d'art, l'asile et le foyer de la libre pensée, le pays d'Erasme et de

Rembrandt, de Boërhave, de Grotius et de Spinosa.

Nous remercions les savants belges qui n'ont pas craint de quitter quelques jours leur pays agité pour nous donner une marque de leur bon vouloir.

Nous vous remercions, fils de la grande ressuscitée, de cette Italie où tant de sang suisse a coulé, députés de Turin, autrefois notre capitale ; de Bologne, d'où nous vient le droit. Aidez-nous à percer la montagne qui nous sépare [1], et nous vous rendrons votre visite avec enthousiasme, sans attendre d'autre occasion.

Nous vous remercions, latins de l'Orient, représentants de la jeune université d'un jeune royaume où la science porte déjà fleur. Nous vous connaissons depuis longtemps. Conservez-nous votre confiance. Nous nous efforcerons de la mériter.

Nous sommes heureux et fiers de votre présence, représentants de l'aigle à deux têtes, de la grande confédération dont la nôtre est sortie à sa naissance, Madgyars, Polonais au cœur autrichien, fils de l'empire impérissable. Rappelez-vous que votre roi Marie-Thérèse

[1] Le Simplon.

était une fille de ce pays-ci. Ne le quittez pas sans visiter son vieux castel de Habsbourg, qui domine l'Aar au plus beau point de sa verte vallée.

Que vous dirons-nous, députés des hautes écoles de la grande Allemagne? Comment vous témoigner dignement notre gratitude? Vous avez toujours possédé nos sympathies. Charles Vogt, auquel notre université doit peut-être l'existence, n'a-t-il pas dit que les Vaudois sont des Allemands parlant français? Vos universités sont les sources où nous nous abreuvons ; leur constitution est le modèle d'après lequel nous avons bâti. Vous nous accordez votre bienveillance, nous vivons sur le pied de la réciprocité : tandis que nos étudiants affluent chez vous, où les attend un bon accueil, les vôtres, autorisés à poursuivre ici leurs études, y trouveront, avec quelques leçons utiles, la commodité de voir, sans augmenter sensiblement leur dépense, un pays dont on leur a vanté le charme, et d'apprendre à parler une langue indispensable à leurs yeux pour mille raisons, dont quelques-unes sont excellentes. Nous ne saurions plus trop comment nous passer de leur casquette noire et blanche, et le libéralisme de vos règlements nous est précieux.

Espérons qu'il trouvera bientôt des imitateurs chez nos excellents amis de France, dont la vive sympathie nous comble d'une joie où se mêle quelque confusion. Ce ne sont pas seulement les facultés, les universités naissantes ou renaissantes, toutes les écoles spéciales de l'Etat, mais jusqu'au personnel le plus élevé du ministère qui se trouvent ici. Qu'ils en soient cordialement remerciés. Sans avoir jamais été Français, nous avons toujours aimé la France. Placés au carrefour des peuples, nous sentons bien que l'équilibre moral du monde a besoin de toute la pensée française. En se concentrant dans une seule ville, ardente au travail mais pleine de séductions, elle ne s'affaiblissait pas seulement, elle s'altérait. Qu'elle rayonne en foyers puissants dans toutes ses provinces naturelles. Que la concurrence s'établisse entre ces foyers, comme en Allemagne, et la production intellectuelle augmentera, la culture s'approfondira. Nous applaudissons aux efforts tentés dans ce sens par le gouvernement de la République. Salut et bonheur à vous, nos grandes voisines ! Vous avez appris à vous estimer, apprenez à vous aimer, pour le bien du monde et pour le vôtre.

Quant à vous, nos chères sœurs, écoles de mon pays — de Bâle, notre respectable aïeule, à Fribourg, notre jumelle — nous ne vous importunerons pas de notre gratitude, non plus que vous, magistrats respectés qui nous honorez de votre présence Vous vous joignez à nous pour remercier les représentants de la science européenne d'être venus vider une coupe avec nous à ce joyeux baptême. Demandez leur avec nous de le douer, notre vaisseau, pour qu'il ait toujours du vent dans sa voile, pour qu'il perce l'épaisseur des brumes, pour qu'il fasse des découvertes, pour qu'il aborde à la terre promise, à l'île enchantée, l'île de la Paix.

* * *

La paix, Messieurs, c'est la justice, et la justice, c'est la vérité. Toutes les objections sont donc vaines ; il est impossible d'admettre que l'humanité soit dans sa condition normale aussi longtemps qu'elle ne sait pas garantir la paix. La paix est le vœu de tous les peuples. Les peuples s'aiment. Les antagonismes qu'on élève entre eux sont l'ouvrage de minorités intéressées. Il est dangereux d'avoir trop longtemps contre soi la conscience des simples ; il est imprudent de laisser le monopole des thèses généreuses aux gens dont on redoute les intentions. Il est temps, Messieurs, qu'aux trois Internationales qu'on voit à l'œuvre : la rouge, la noire et la dorée, on ajoute l'Internationale blanche, celle des esprits éclairés et des cœurs droits.

Mais la paix entre les nations ne saurait s'établir qu'avec la paix à l'intérieur de chaque nation. Lorsqu'au-dessous d'une minorité privilégiée il existe une majorité souffrante, la minorité qui fait les lois est obligée d'organiser le pouvoir de contrainte, non seulement de manière à réprimer les écarts des individus, mais de manière à pouvoir maîtriser les masses. Cette organisation, c'est l'armée, dont la discipline rigoureuse, commise à des officiers de profession, permet aux privilégiés de contenir le prolétaire par le prolétaire. Ceux qui font métier des armes ne sauraient en conscience être partisans de la paix perpétuelle. Ils ont besoin de la guerre pour charmer leurs ennuis et pour leur procurer de l'avancement. Et comme après tout ils sont la force, comme leur esprit règne dans les classes dirigeantes, il faut bien les contenter quelquefois. Le peuple, lui, ne sent pas la nécessité d'être contenu, la modeste gendarmerie suffirait à ses exigences ; pour qu'il accepte les sacrifices énormes et toujours croissants que le militarisme fait peser sur ses épaules, il faut que le danger extérieur lui soit évident. *Les ennemis héréditaires sont des institutions constitutionnelles*. Si vous trouviez un remède au péril social, vous supprimeriez du même coup l'armée permanente et jusqu'à la possibilité d'un conflit entre les nations. Le problème social renferme en lui tous les problèmes.

Mais qui résoudra le problème social ? Le collectivisme serait affreux s'il était possible ; heureusement il ne l'est pas, et les chefs socialistes commencent eux-mêmes à l'apercevoir. Je ne crois pas aux bienfaits du socialisme d'Etat, parce que je ne crois pas à l'Etat infaillible, ni même à l'Etat incorruptible. Son pouvoir est toujours entre les mains d'hommes qui ont des intérêts particuliers, et la contrainte fonctionne toujours dans l'intérêt de ceux qui l'exercent. D'ailleurs je veux restreindre le pouvoir de contrainte au minimum, parce qu'avec Kant, de Kœnigsberg, avec

Pascal, de Clermont-Ferrand, avec Paul, de Tarse, avec Jésus, de Nazareth, je crois que rien dans l'univers ne vaut la vertu morale ; d'où cette conséquence inéluctable que ce qui est obtenu par contrainte n'a point de valeur et qu'il faut laisser le champ le plus large possible à la liberté des individus. Je veux donc lui conserver la production des biens matériels [1], je n'admets l'intervention de l'Etat dans l'Economie que pour réparer les maux qu'il a causés lui-même, ce qui, pour dire vrai, nous mène bien loin des Cobden et des Bastiat.

Pour conjurer l'orage et pour résoudre graduellement les difficultés sociales, je compte sur les progrès de l'instruction populaire et sur l'association coopérative de consommation et de défense, de crédit et de production. Cet espoir est vague, il est lointain, mais il m'enivre. Elite de l'Europe, bourgeois du monde, nous voudrions travailler avec vous à rétrécir

[1] Le correspondant du *Journal des Débats* m'a fait l'honneur de transcrire ce passage en s'arrêtant ici, ce qui me laissait en parfait accord avec les économistes dont je me sépare trois lignes plus bas. Le *Genevois* a cité le même fragment en ne supprimant que les deux dernières lignes, ce qui lui a permis de dire que ma réserve quant aux maux causés par l'Etat lui-même ne signifiait probablement rien, opinion à laquelle ne pouvaient pas se ranger sans difficulté les auditeurs genevois de l'*Utopie*. L'art des citations !

la sphère de la compression au profit de l'association spontanée des volontés individuelles, au profit de l'unité dans la charité, par la liberté.

Au nom d'un pays où quatre nationalités savent et veulent rester unies, je vous salue encore et je vous invite à boire à la paix. Bénissez notre commencement, demandez que notre lumignon devienne un phare, qui signale le port de la Paix!

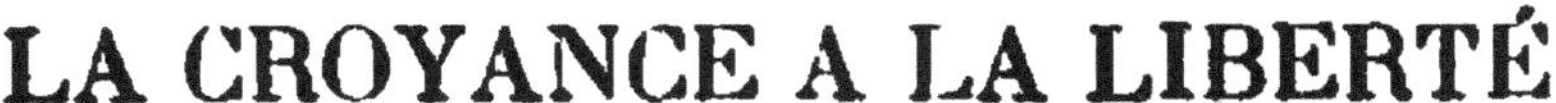

LA CROYANCE A LA LIBERTÉ

LA CROYANCE A LA LIBERTÉ[1]

La faculté de choisir entre divers partis, que la plupart d'entre nous estiment naturellement leur appartenir, est aujourd'hui dans le monde savant l'objet d'un décri presque unanime. L'admission de cette liberté est réputée anti-scientifique, tandis que, suivant ses détracteurs, le rejet n'en offre aucun danger pour la vie pratique et pour les intérêts moraux de la société. Nous examinerons successivement ces deux thèses, en nous attachant surtout à la dernière.

[1] *Revue Internationale*, 25 juillet 1889.

I

Et d'abord, comment faut-il entendre la contradiction alléguée entre la science et la liberté de choix? Irait-on jusqu'à prétendre que l'impossibilité d'un choix réel soit démontrée, parce qu'il serait établi que tous les phénomènes se produisent en vertu d'une nécessité mécanique ou métaphysique? Une affirmation pareille ne saurait être prise au sérieux par un esprit indépendant. En quoi pourrait consister cette preuve, et comment la conduirait-on? Suivant une marche *a priori*? Ceux qui réprouvent aujourd'hui la liberté professent peu de confiance pour la méthode *a priori*, bien qu'ils ne se fassent pas faute de la pratiquer; mais comment pourraient-ils dire que l'esprit est contraint par ses propres lois à poser la nécessité comme principe de l'univers, puisqu'il existe encore des partisans de la liberté morale? Cette nécessité pour l'esprit ne serait jamais qu'une nécessité pour leur esprit.

La preuve *a priori* ne pouvant être essayée,

ils en appelleront à l'expérience. On n'avance rien aujourd'hui qui ne soit ou qu'on ne prétende établi par l'expérience. Mais pour pouvoir affirmer l'enchaînement nécessaire de tous les phénomènes sans exception, il faudrait que tous les phénomènes sans exception eussent été expliqués en les rapportant à leurs antécédents nécessaires. Et il ne suffirait pas de les expliquer par des enchaînements hypothétiques, il faudrait que l'indestructibilité de ces enchaînements fût vérifiée par une expérience effective. Il faudrait que toutes les causes alléguées fussent empiriquement connues, et que l'effet, suivant invariablement leur présence, ne se produisît jamais ailleurs. Mais nous sommes loin de connaître tous les phénomènes, et parmi les phénomènes connus il en est un grand nombre dont les causes sont ignorées ou simplement présumées. Et ce cas est précisément celui de nos actes volontaires. On sait que la contraction musculaire a son point de départ dans le cerveau. Dans quelle partie, on l'ignore. Ce qui s'y passe, on l'ignore également ; mais quand nous posséderions sur ces deux points toutes les informations qui nous manquent, nous n'en serions pas plus avancés sur la question de savoir si cette modification cérébrale est le contre-coup fatal de modifications antérieures, ou si elle résulte d'une cause supérieure à l'organisme, qui s'est déterminée elle-même dans la liberté de son choix. L'expérience nous enseigne qu'une chose s'est passée; elle ne saurait établir avec certitude qu'elle n'aurait pas pu ne pas se passer, non plus qu'elle ne saurait établir avec certitude que ce qui n'est point arrivé pouvait arriver. La prétention de prouver la liberté par la conscience immédiate est une illusion que la réflexion dissipe sans peine ; la prétention d'établir son impossibilité n'est qu'une confusion du même genre et moins pardonnable. Non seulement la science d'aujourd'hui n'y réussit point, mais il est permis d'affirmer que la science de l'avenir n'y parviendra pas davantage.

A défaut de preuve rigoureuse, le déterminisme essaie de fonder sa thèse sur l'induction : il dit qu'un homme au fait de tous les antécédents internes et externes d'une action la connaîtrait d'avance avec certitude, parce qu'une connaissance moins complète autorise naturellement des prévisions vraisemblables. Le fait est vrai ; mais il n'est pas besoin du déterminisme absolu pour l'expliquer ; il se comprend également si l'on admet que la liberté morale n'entre pas fréquemment en lutte avec nos penchants naturels et ne l'emporte pas fréquemment dans cette lutte. On s'autorise de la statistique, d'après laquelle un nombre approximativement égal de chaque espèce de délits passe en jugement toutes les années dans un pays de quelque étendue ; et l'on ne comprend pas encore aujourd'hui, malgré les explications de M. Renouvier, que si l'argument prouvait quelque chose, ce serait en faveur de l'indéterminisme le plus radical, puisque la rouge et la noire et tous les numéros quelconques sortiront de la roue en nombre égal, pourvu que les tirages soient assez nombreux, c'est-à-dire en nombres d'autant plus voisins de l'égalité que les tirages auront été plus nombreux.

La croyance à la liberté de choisir ne contredit aucune vérité démontrée, les plus intelligents de ses adversaires le comprennent parfaitement, et lorsqu'ils la désignent comme anti-scientifique, ce n'est pas cela qu'ils veulent dire. Ils la condamnent comme gênante pour la science, comme contraire aux suppositions générales sur lesquelles se construit l'édifice de la science. Ce qu'on nomme science, effectivement, ce serait, pour parler avec le père de la philosophie moderne, l'explication des faits par leurs causes, ou du moins, dans le langage plus réservé que la critique nous commande, l'exposition de leur enchainement, la connaissance des conditions nécessaires et suffisantes pour qu'ils se produisent. L'admission de la liberté rendrait impossible l'enchainement continu que la pensée scientifique nourrit l'espoir d'établir ; elle introduirait dans le monde une série de faits dont il serait impossible de déterminer avec rigueur les conditions. L'acte volontaire n'est pas sans doute un acte inconditionnel, la volonté même en est la cause ; mais ici le fil se casse, la volonté libre n'a point de cause dans le sens de cause nécessaire et déterminante : elle se dirige d'après des motifs sans doute, mais les motifs ne la contraignent pas, ou plutôt, suivant une analyse qui nous paraît plus exacte, elle concourt elle-même à la formation des motifs qui la décident, en se dirigeant comme attention sur tels ou tels points, et en retardant ou précipitant l'instant où la délibération se termine et où la résolution se trouve arrêtée. Qu'on fasse porter l'arbitre sur l'acte extérieur ou sur le mouvement de la pensée, son intervention serait toujours un événement incalculable, un commencement nouveau, un fait non compris dans ses antécédents, une brèche à l'ordre immuable dont le gros des savants affirme la réalité. Ils ne le démontrent point, cet ordre immuable ; mais la supposition implicite s'en trouve à la base de toutes les recherches particulières, puisque toute recherche a pour objet de fixer les conditions nécessaires et suffisantes d'un fait quelconque, en remontant indéfiniment de condition en condition. L'hypothèse du libre arbitre humain n'apporte aucun obstacle aux enquêtes scientifiques et ne les dépouille point de leur intérêt ; elle n'empêche pas d'établir entre certains phénomènes et certains groupes de phénomènes un ordre continu qui les rattache aux lois suprêmes de l'univers ; mais elle introduit des exceptions à ce déterminisme, elle fait des trous dans ce réseau, elle force l'investigateur à s'arrêter lorsque, remontant de cause en cause, il arrive à une résolution de la volonté. Nous disons trop : l'investigation ne se termine pas, seulement elle change de caractère ; elle scrute des motifs, elle recherche les raisons internes et externes qui ont poussé la volonté dans la direction qu'elle a suivie, elle nourrit toujours l'espoir de comprendre *pourquoi* le fait qui l'occupe est arrivé ; mais elle convient néanmoins qu'il aurait pu ne pas arriver. Il reste donc une place d'où l'incertitude ne saurait être délogée Si tel jour, à telle heure, tel personnage était entré dans telle voie et non dans telle autre, ainsi qu'il pouvait réellement le faire, le cours de l'histoire universelle en aurait été changé ; autant dire que l'histoire est le domaine du pur contingent, qui n'a rien de commun avec la science. Peut-être trouverez-vous la conséquence exagérée, peut-être imaginez-vous la possibilité d'un ordre assez souple, assez élastique pour se réaliser sous plus d'une forme. Tous les chemins mènent à Rome, dit le proverbe ; il n'est pas nécessaire d'admettre que les chemins de l'histoire suivent toujours des lignes droites, et pourvu qu'ils s'infléchissent, ils peuvent tous aboutir à la même porte, dans quelque direction que s'engage un individu. Les forces déterminées, dont il existe assurément dans l'univers, sont aussi des forces déterminantes, et peuvent ramener le cours des événements extérieurs dans le lit qu'elles ont tracé. Mais, grande ou petite, dès qu'il reste une place à la contingence, la chaîne est interrompue, l'idéal de la science est abandonné ; un fait qui aurait pu ne pas arriver est par là même un fait étranger à la science. Dans ce sens, il faudrait bien confesser que la thèse du libre arbitre est une thèse anti-scientifique, comme la thèse de la Création, qui est, au fond, la même thèse.

Mais ce sens est-il le bon?

Si la science est intelligence, il faut qu'elle se comprenne et se juge elle-même. La valeur absolue de la science est un postulat nécessaire pour elle au point de départ ; mais ce n'est pas un axiome indiscutable, c'est une supposition sur laquelle la science elle-même est appelée à se prononcer avant de pouvoir se considérer comme achevée. Il est assez naturel à la science, qui ne se produit que dans les savants, de se prendre pour un but d'une valeur absolue, prétention qui impliquerait pour un esprit conséquent l'opinion que la connaissance des choses est la raison d'être des choses, que les astres circulent pour l'astronome et que les peuples s'exterminent sur les champs de bataille pour fournir des thèmes à l'historien. Car d'exclure de l'univers la finalité, qu'ils ne sauraient méconnaître dans leur propre pensée et dans leur conduite, serait une inconséquence qui trahirait étrangement l'incompétence. L'idéalisme de Hegel est l'expression la plus systématique, et je dirais volontiers la plus naïve, de ce sentiment, qu'Aristote n'était pas loin de partager et qui, tout répugnant qu'il nous semble aux enseignements de Jésus-Christ, n'a pas laissé de pénétrer assez fortement l'Eglise chrétienne, comme on le voit par la manière dont les plus autorisés parmi ses docteurs comprennent la bonté de Dieu, qui l'obligerait à réaliser dans le monde une perfection toute logique, par la supériorité qu'ils attribuent à la vie contemplative sur la vie active et par la félicité purement intellectuelle qu'ils font espérer aux élus dans l'éternité.

L'ami de Frédéric II, Lamettrie, pensait au contraire que l'homme n'est pas fait pour apprendre, mais pour jouir, et il voyait dans la curiosité scientifique une sorte de dégénérescence. Paul l'apôtre ne partage pas non plus le sentiment d'Aristote, de saint Augustin et de saint Thomas. « Quand je connaîtrais tous les mystères, et la science de toutes choses, dit-il, si je n'ai pas la charité, je ne suis rien. » Et Pascal, le géomètre, qui place la grandeur intellectuelle infiniment au-dessus des grandeurs de chair, met une distance infiniment plus infinie entre la grandeur intellectuelle et la charité. Je ne prononce pas dans ce débat ; j'en ai dit assez pour faire voir que ceux qui croient à l'existence d'un ordre moral et qui voient dans le libre arbitre la condition indispensable de l'ordre moral et le fondement de sa possibilité même, n'ont pas sujet de mettre en question la vérité de leur croyance parce qu'on la décrie comme une opinion anti-scientifique. Elle est anti-sientifique en effet dans ce sens qu'elle met obstacle aux suprêmes aspirations de cette science qui, se considérant comme étant un but, ou plutôt l'unique but d'elle-même et de toutes choses, efface la distinction du contingent et du nécessaire pour pouvoir tout pénétrer et tout envelopper dans une explication de l'universel-ambition qu'il nous est permis d'estimer peu justifiée. Si la science, au contraire, se connaissant peut-être mieux, faisait d'elle-même un état plus modeste et se considérait comme le produit d'une fonction de l'esprit coordonnée à d'autres fonctions ; si elle se concevait comme n'étant qu'une partie constituante d'un tout idéal, elle serait bien près de s'avouer qu'elle n'est pas le but véritable et dernier, mais que ce tout est le but, et que, sous un certain point de vue infinie, dans un autre sens elle est bornée, parce qu'après tout elle n'est qu'un moyen d'atteindre la fin véritable.

Si l'on admet cela, si l'on reconnait que certaines choses existent, que d'autres doivent être appelées à l'existence en raison de leur valeur intrinsèque, et non pas seulement pour être étudiées; si l'on avoue en un mot que la science a pour objet d'éclairer la vie et d'en élargir les horizons, on comprendra que le propre idéal, l'idéal abstrait de la science pourrait bien ne pas se trouver réalisable, et qu'il est peut-être bon qu'il ne le soit pas; on pressentira pourquoi le réseau de nos connaissances trahit des lacunes, dont quelques-unes ne seront jamais comblées, parce qu'elles ne sont pas destinées à l'être; et, dès lors, si l'on voit dans notre arbitre le principe de la vie morale, si l'on tient la croyance au libre arbitre pour nécessaire à la santé morale et qu'on admette enfin l'existence d'une morale, ou d'une loi de la vie, préjugé commun des honnêtes gens; si l'on accorde enfin à cette loi la valeur absolue qu'elle s'attribue elle-même et sans laquelle il est impossible de la concevoir — on conservera religieusement sa foi dans la liberté de choisir, bien que cette liberté soit incompatible avec l'idéal de la science absolue, qu'elle décourage les prévisions illimitées et qu'elle passe pour antiscientifique chez des savants, soupçonnés de ne pas avoir considéré sous tous ses aspects la divinité qu'ils adorent.

II

Mais la croyance à la liberté de choix est elle vraiment nécessaire à l'intégrité de la vie morale ? C'est la question que nous nous sommes proposé d'examiner en second lieu. A parler net, l'affirmative me paraît tellement évidente que je trouve des difficultés presque insurmontables à me transporter dans l'opinion contraire, ce qui n'est assurément pas la condition la plus favorable pour la discuter. Néanmoins, je suis bien obligé d'avouer que cette opinion est soutenue depuis fort longtemps et qu'elle s'appuie sur l'autorité de fort grands noms dans l'antiquité, dans l'Eglise chrétienne et dans la philosophie émancipée des siècles modernes. Je ne puis m'expliquer cette contradiction qu'en supposant que les déterministes, pour imposants que leurs noms puissent être, n'ont pas toujours su maintenir un accord parfait entre les éléments de leur propre pensée, ou que nous ne comprenons pas la vie morale de la même façon et que nous ne plaçons pas le même objet sous le même terme. Quand les stoïciens exaltent le sage au dessus de Jupiter, dont les vertus sont naturelles, disent-ils, tandis que le sage s'est donné les siennes, le libre arbitre du sage nous semble implicitement affirmé, sans quoi la distinction n'aurait pas de sens ; de sorte que la nécessité stoïcienne ne porterait que sur le cours extérieur des événements. *Fata volentem ducunt, nolentem trahunt.*

Les théologiens qui refusent le libre arbitre à l'homme et qui néanmoins le rendent responsable de ses actions, dont ils lui font subir les conséquences durant l'éternité, paraissent avoir cédé successivement à deux mobiles, à deux intérêts, considérables tous deux, bien que d'inégale valeur, l'intérêt théologique ou métaphysique, portant incessamment la pensée vers l'Unique et vers l'Absolu, les détournait d'accorder un libre arbitre qui aurait ôté quelque chose à la causalité suprême. Qu'il arrivât quelque part quelque chose que Dieu n'ait pas décrété, ils n'y pouvaient pas consentir sans diminuer Dieu, ce qui leur semblait un blasphème. A leurs yeux, en effet, la toute-puissance est identique à l'universelle causalité; parce qu'ils ne comprennent pas que cette toute-puissance soit capable, précisément parce qu'elle est la toute-puissance, de se prendre elle-même pour objet et de se tracer des limites où trouve place la réalité d'une Création; — parce qu'ils ne voient pas que le miracle de la toute-puissance consiste précisément à poser un être libre en face d'elle. Le souffle du panthéisme[1] gonfle leur métaphysique, dont il exclut la réalité morale, et les représentations anthropomorphiques dont s'enveloppe l'abstraction de leur absolu se dissolvent en contradictions. Loin de les retenir sur cette voie glissante, le sentiment religieux semble bien plutôt les y pousser: ils ont besoin d'être pénétrés de Dieu, de s'anéantir devant Dieu, d'être outils dans la main de Dieu, de sentir que lorsqu'ils agissent, ce soit en réalité Dieu qui agit en eux. Rendre grâce à Dieu pour toutes choses, n'est-ce pas ne voir que Dieu

[1] Mot ambigu, pris ici dans un sens consacré par l'usage, mais qui n'est pas rigoureux. (V. page 192).

seul en toutes choses? Mais s'anéantir en Dieu n'est pas si facile, ce serait bien plutôt la suprême démarche de la liberté; il est beaucoup plus simple de supposer que la chose est faite dès le principe, une fois pour toutes.

Cependant, lorsqu'il s'agit du péché et de la responsabilité qu'il entraine, le courage du logicien l'abandonne, il plie sous le poids d'une tradition positive et précise, les textes qu'il commente et qui devraient donner à son système l'autorité d'une philosophie divine ne souffrent aucune équivoque : l'homme sera puni, justement puni pour son péché, à moins qu'il n'obtienne grâce par l'intercession de Jésus-Christ et en raison de son sacrifice. Retrancher les peines à venir du christianisme équivaudrait à supprimer le christianisme tout entier. Puis le sentiment de l'intérêt public plaide en faveur des rétributions futures. Par dessus tout, la conscience nous crie que nous sommes coupables, et son gémissement commence à nous punir. Ainsi la doctrine des peines à venir s'établit sur le fondement de son évidence propre, qu'elle s'accorde ou qu'elle jure avec la métaphysique transcendante du christianisme spéculatif. Le même esprit qui a suggéré cette métaphysique à outrance vient à son tour renforcer l'impulsion de la conscience morale et nous conduit à penser que la gravité d'une offense envers l'Etre infini ne peut être qu'infinie et ne saurait s'expier que par un supplice éternel. Les distinctions, les raisonnements par lesquels on a essayé quelquefois d'excepter l'origine du mal de la causalité universelle portent l'empreinte si voyante d'arguties imaginées pour le besoin de la cause qu'elles ne sauraient produire aucune impression et ne changent rien au résultat. En effet, si ces distinctions étaient valables et ces conclusions régulières, il en résulterait uniquement ceci : que la bonté divine aurait créé des êtres incapables de faire autre chose que le mal, ce qui déplacerait la contradiction sans la rendre moins choquante.

Ainsi, cédant à la pression d'un double courant, l'orthodoxie de l'Eglise est venue donner sur cet écueil d'affirmer qu'un être parfaitement juste et parfaitement bon punit la créature objet de son amour de supplices, — éternels ou temporaires, car il est inutile de compliquer ici la question, — pour des actes qu'il lui était impossible de ne pas commettre. On me pardonnera cette incursion dans la théologie en considérant combien serait artifi cielle et resterait insuffisante une discussion des problèmes du déterminisme et de la liberté qui n'aurait aucun égard à la position prise vis-à-vis d'eux par l'Eglise.

La philosophie indépendante ne subit pas au même degré la pression d'intérêts opposés, du moins ces intérêts ne s'y accusent-ils pas avec la même évidence; la philosophie n'est pas liée à des points d'attache aussi divers. Parfaitement libre dans ses conclusions, elle n'est pas aussi exposée au danger de se contredire et ne peut pas compter sur la même indulgence lorsqu'elle tombe dans ce défaut. Pour elle il n'y en a pas de plus grave; aussi met-elle tout son zèle à s'en défendre, et si elle ne l'évite pas toujours, elle réussit au moins à le déguiser. Lorsque les philosophes déterministes assurent que leur opinion ne compromet en rien l'intégrité de l'ordre moral, il est donc à présumer qu'ils se comprennent eux-mêmes, et que si nous ne les entendons point, c'est que le mot d'ordre moral éveille une autre idée chez eux que chez nous.

Comment faut-il donc entendre cet accord possible entre le déterminisme et la réalité de la vie morale? Les maîtresses catégories de la morale, le bien et le mal, sont-elles vraiment applicables à des faits qui résulteraient de la nécessité des choses, et celui qui n'a jamais pu penser que ce qu'il pense ni faire que ce qu'il fait peut-il être bon ou méchant? Cette question se décompose en un assez grand nombre de questions.

Et d'abord : s'agit-il du jugement que les autres portent sur un tel sujet, ou du jugement que ce sujet portera sur lui-même? Quant aux autres, ils le tiendront certainement pour bon s'il se conduit d'une manière utile à la société, et pour méchant si ses actions lui portent dommage; mais ici *méchant* est un pur synonyme de nuisible et de mauvais. Bien et mal sont ici des catégories de la nature, on y parle d'un brave homme comme on parle d'un bon fruit, d'un méchant comme d'une plante vénéneuse. La sphère de l'activité dite morale ne conserverait absolument rien de spécifique pour le penseur bien informé. Et c'est bien ainsi que les déterministes l'entendent.

Quant au jugement du sujet, il faut distinguer entre le cas où il se sait lui-même absolument déterminé par les circonstances externes, par la nécessité de sa propre nature ou par la résultante de ces deux facteurs, et le cas où il l'ignore et s'attribue explicitement ou implicitement une certaine liberté de choix.

Je dis explicitement ou implicitement. En effet, nous ne sommes pas au bout de nos distinctions; et l'une des moins importantes n'est pas celle que nous voyons constamment se produire entre la théorie et la pratique. Je suis persuadé que le déterminisme compte dans son armée nombre de fort honnêtes gens. Si de tels hommes sont vertueux par tempérament, ils peuvent, en pratiquant la vertu, en sacrifiant leur temps, leur travail, leurs intérêts au service de leurs semblables, penser et sentir qu'ils ne sauraient agir autrement. Il se peut même qu'ils aient raison; mais certainement il est vrai aussi que les disciples de la nécessité ne songent pas à leur système au courant de la vie pratique : ils délibèrent avec tous les gens raisonnables sur le parti qu'ils doivent prendre, exactement comme s'il ne tenait qu'à eux de prendre tel ou tel parti ; ils s'approuvent lorsqu'ils pensent avoir bien agi, et s'ils ont eu des torts, leur conscience les leur reproche, et la considération, pourtant si commode, qu'ils ne pouvaient pas faire autrement ne les absout pas toujours à leurs propres yeux. Des déterministes de cet acabit ne sont pas, suivant moi, de véritables déterministes. Même chez les logiciens, on pourrait signaler des incohérences sur ce sujet, et des efforts pour échapper au fatal dilemme. Stuart Mill, par exemple, s'annonce comme nécessitaire et ne l'est pas franchement. Dans sa logique, du moins, il réduit sa doctrine à ceci, que si l'on connaissait les motifs présents à l'esprit d'un homme, son caractère et *sa disposition présente*, on pourrait prévoir sa conduite avec certitude : il reconnaît donc le fait que sur la même question, le même sujet ne prend pas toujours le même parti ; il proclame expressément que les motifs ne sont pas irrésistibles, aucun n'étant assez impérieux pour ne pas laisser place à l'influence de quelque autre. Il proclame que l'homme a le pouvoir de modifier son caractère. Un tel déterminisme semble de bonne composition, mais ce n'est pas le dernier mot de Stuart Mill. Sans nous arrêter à des inconséquences dont les variétés seraient d'un classement trop difficile pour rien apprendre de précis, examinons donc la figure du monde moral chez celui qui se sait constamment déterminé et chez celui qui se croit libre.

Quant au dernier, il est évident que pour lui les phénomènes de la vie morale sont ce qu'ils sont pour moi, car j'ignore si cet homme-là n'est pas moi. La croyance au libre arbitre suffirait incontestablement pour donner naissance aux phénomènes de la vie morale chez un automate, puisque les déterministes admettent la conscience chez l'automate, du moins chez celui dont les rouages ne sont pas trop bien huilés ou dont les mouvements sont ralentis par quelque obstacle. Fatalement l'automate connaitra les mobiles et calculera les effets de ses actions; fatalement il appréciera ses actions et les mobiles de ses actions d'après des règles générales, qu'il tirera de lui-même, de son expérience ou de son milieu. Suivant la disposition de son mécanisme il hésitera, il délibérera, il prendra parti, il sera lâche ou généreux, il éprouvera les satisfactions de l'amour-propre et le supplice du remords, il subira la tentation; et quand les déplacements antérieurs viendront faire choir un certain poids, il croira se dire *non* à lui-même sous l'entrainement de ce poids, et la direction de son mouvement paraîtra brusquement changée. Bref, pour lui-même et pour le vulgaire, il sera bon ou méchant au sens moral de ces qualités, il présentera à lui-même et au vulgaire tous les phénomènes de la vie morale.

Mais en vérité, mais pour les initiés à la vérité, cette vie morale ne sera qu'une fantasmagorie.

> L'ombre d'un cocher
> Qui, de l'ombre d'une brosse,
> Frotte l'ombre d'un carrosse.

Il croit avoir pris un parti ; mais j'avais d'avance écrit sur mes tablettes à quel parti son apparente hésitation finirait par s'arrêter, il ne pouvait pas en prendre un autre. Il croit avoir fait un effort, un sacrifice ; je sais qu'il lui eût été incomparablement plus difficile de s'abandonner à ce qu'il croyait être son penchant, puisque la chose était impossible. Il se repent de la trahison qu'il a commise, parce qu'il croit qu'il aurait pu ne pas la commettre ; mais moi, je l'absous, ou plutôt je fais cas de son repentir précisément comme on ferait du vent et de la pluie, dont le navire ou les champs peuvent avoir besoin, car je sais qu'il ne pouvait pas ne pas trahir et que les reproches qu'il ne peut pas ne pas s'adresser sont l'effet d'une illusion. Oui sans doute, s'il eût été alors ce qu'il est aujourd'hui, s'il eût connu ce qu'il sait aujourd'hui, il aurait pu ne pas trahir, mais il n'aurait pas trahi. Et ce qu'il n'était pas, il n'aurait pas pu le devenir ; ce qu'il ne savait pas, il n'aurait pas pu l'apprendre. Si la croyance à la liberté morale est une illusion, toute la vie fondée sur cette croyance est elle-même une illusion. Et pour le dire en passant, voilà ce qu'oublient certains déterministes qui se croient très forts et qui ne sont que très naïfs, lorsqu'ils prétendent que leur doctrine n'a rien d'incompatible avec l'éducation morale, parce qu'on peut fortifier en soi les mobiles qui portent au bien et diminuer les influences malignes, suivant la direction qu'on imprime à sa pensée, les livres qu'on lit ou le milieu qu'on recherche. Mais lorsqu'on le peut on le fait, et lorsqu'on ne l'a pas fait, c'est qu'il était impossible de le faire. La direction de nos idées est une conséquence inévitable des antécédents comme tout le reste. Stuart Mill le confesse, sans pouvoir se dérober aux conséquences de son aveu : « Celui qui pourrait, dit-il[1], prédire nos actions d'après notre carac-

[1] *La Philosophie de Hamilton*, traduction Cazelles, page 573.

tère actuel, pourrait, avec la même connaissance, prédire ce que nous ferions pour le changer. » Ainsi les changements que nous essayons d'apporter à notre caractère étant nécessités par ce caractère, toute la suite de nos actions dépend finalement et résulte infailliblement d'une constitution primitive que nous ne nous serions point donnée. Quelle place reste-t-il après cela pour la notion du *devoir* dont l'auteur nous parle? Je ne me charge pas de l'expliquer. Ainsi, dans le système du déterminisme, l'homme ne peut jamais rien sur sa conduite. Reculer d'un pas la contradiction n'est pas la faire évanouir.

Ces dernières réflexions m'amènent au véritable centre de mon sujet : quelle est l'importance de la croyance à la liberté? Que devient le monde moral et que devient la vie morale pour celui qui se sait constamment déterminé par une nécessité qu'il n'a point faite, mais qui fait de lui tout ce qu'il est, et qui pèse sur lui dès le premier jour? Cet être, si le nom d'être convient encore à ce tourbillon de poussière, à cette résultante fatale d'un croisement des lois universelles, cet homme, puisque ces tourbillons s'appellent entre eux des hommes, il sentirait fatalement ce qu'il sent, il penserait fatalement ce qu'il pense, fatalement il voudrait ce qu'il veut et il saurait tout cela; mais il sentirait, il penserait et il voudrait. Sa volonté, par supposition, serait la conséquence inévitable de ses impressions, de ses pensées, sur lesquelles il ne pourrait rien; mais éprouvant du plaisir et de la douleur au contact des corps étrangers, ainsi qu'au spectacle des autres êtres sensibles, accessible, comme on dit, à la sympathie, il réputerait bon ce qui lui procurerait une jouissance et mauvais ce qui le ferait souffrir. Saisissant fatalement le nexus des causes et des effets dans la mesure de ses facultés, ses volitions seraient invariablement le réflexe de ses impressions, réflexe direct, ou indirect c'est-à-dire déterminé par ses jugements, eux-mêmes déterminés par ses impressions. Il se proposerait donc des buts et serait satisfait de les atteindre, mécontent de les manquer. Il pourrait même être mû par des idées générales, obéir, dans la mesure que son mécanisme intérieur assignerait, à des règles que son organisation l'obligerait de concevoir; il se ferait des devoirs, il les observerait quelquefois et constaterait avec plaisir cet accord entre son jugement et sa conduite; mais il ne travaillerait pas à rendre cet accord plus fréquent, il n'essayerait pas de se changer, sachant qu'un tel changement serait impossible ; il comprendrait qu'il est absurde de se dire *non* à soi-même, puisqu'à l'instant même où l'on croit le dire, on ne fait que céder à la machine. Il observerait avec intérêt sa propre conduite, comme on suit de l'œil le cours du ruisseau ; mais il ne l'approuverait pas et ne la blâmerait pas, sachant qu'il était impossible qu'il en tint une autre et que cette impossibilité n'est pas son fait. La louange et le blâme, l'estime et le mépris sont-ils des éléments nécessaires à la vie morale, et les haines vigoureuses d'Alceste sont-elles le fait d'un honnête homme ou simplement d'un esprit borné? Ne s'élève-t-on pas bien plus haut dans la hiérarchie intellectuelle, n'est-on pas bien plus près du vrai, lorsqu'on répète le refrain moderne : « celui qui comprend tout, excuse tout » — petite compromission avec le préjugé vulgaire, petite lâcheté du discours pour dire : celui qui comprend tout reste indifférent à tout, parce que excuser et condamner n'appartiennent qu'à l'ignorance? — On peut différer sur ce point, mais peut-on contester sérieusement que prendre sur soi, contrarier son inclination, s'imposer des lois à soi-même soit un élément essentiel ou plutôt le fond même de la vie morale? Et peut-on croire que la certitude de ne pouvoir changer en rien notre conduite et notre destinée ne tende pas à paralyser un tel effort? On peut le croire, puisqu'on l'avance. M. Fouillée ne manquerait pas de nous informer que celui qui alléguerait le déterminisme nécessaire de nos actions pour se dispenser d'agir dans le sens du bien sur les autres et sur lui-même serait la dupe du sophisme paresseux « Sans doute, nous dira-t-il, vous ne ferez jamais que ce qu'il vous appartient de faire et vous ne serez jamais que ce que vous êtes appelé à devenir, vous savez seulement que si vous devenez tel qu'il vous paraît désirable d'être, vous n'y arriverez que par le travail. Ainsi le déterminisme, loin de vous détourner de l'effort, vous suggère bien plutôt un motif de le risquer. »

L'allégation du sophisme paresseux ne servirait-elle pas elle-même de moyen commode au déterministe pour se faciliter son analyse en l'arrêtant au moment qu'il lui plaît? Eh bien oui! ceux qui sont destinés à réaliser ce qu'ils trouvent beau ne le feront pas sans y prendre peine, et s'il est dans la nécessité de ma nature de le faire, je prêterai l'oreille à votre discours, mais si cela n'est pas déterminé par ma nature, je n'en tiendrai point de compte, et l'ennui qu'il m'inspire m'est un sûr indice que je ne suis point fait pour l'écouter. Les idées-forces, où l'on nous montre les ailes qui nous porteront à la liberté, ne sauraient nous enlever de cette place. L'esprit, sans doute, est accessible aux motifs les plus divers, et l'espoir de s'affranchir de ses passions égoïstes, de laisser au-dessous de soi les vulgarités fera faire de belles choses à ceux en qui cet espoir naîtra, — mais il ne dépend pas de nous de le faire naître. En dirigeant de ce côté notre attention, en nous inspirant d'illustres exemples, nous fortifierons l'influence de ce mobile, — mais la direction de notre attention ne nous appartient pas, et nous le savons : ceux que leur nature porte à réfléchir sur ce côté des choses y réfléchiront, ceux qui sont de nature assez généreux pour que cette réflexion les porte à concevoir un idéal de désintéressement et d'indépendance s'enchanteront de cet idéal, et ceux chez lesquels l'imagination commande aux organes du mouvement agiront de manière à s'en rapprocher, — mais n'étant pour rien dans tout cela, rien de tout cela ne saurait nous être imputé. Que si donc la vie morale consiste dans une série d'actes extérieurs, le déterminisme n'est pas incompatible avec cette vie. Les discours et les exemples des uns influeront sur la conduite des autres suivant les lois de la nécessité qui gouverne chacun d'eux et qui les enchaîne en un tout. Il sera toujours avantageux à la marche de la société qu'il s'y trouve des natures obligées de concevoir le bien, de l'enseigner et de le pratiquer; tout comme il lui sera indispensable de mettre les gens dominés par des passions subversives dans l'impossibilité de les satisfaire. La pratique et la science de la morale subsisteront donc en ce sens, non moins que la science et la pratique du droit pénal; mais la responsabilité réelle de l'individu, l'imputation interne n'auront plus de lieu, plus de raison et ne sauraient se produire que par l'illusion de l'arbitre toujours renaissante. D'après un déterminisme conséquent les notions de mérite et de démérite sont des notions vides, et ces mots doivent être élagués du dictionnaire. Or, le sentiment d'approbation intérieure et de repentir, la résolution de changer, et, pour toucher au côté religieux, la supplication même à l'effet d'être changé, tout cela serait radicalement absurde chez celui qui se saurait déterminé dans tout son être par une immuable nécessité, bonne, indifférente ou mauvaise, il importe peu.

Les déterministes intelligents construisent fort habilement les phénomènes de la vie morale. Ils expliquent très bien l'origine du repentir, par exemple, et ils en démontrent au mieux l'utilité, aussi l'approuvent-ils fort ; seulement, dans leur bonté naturelle, sachant ce qu'ils savent, ils nous dissuadent de l'exagérer ; mais celui qui pourrait se repentir peu ou beaucoup d'une conduite qu'il saurait inévitable serait un fou. La vie morale porte donc sur une illusion, car, suivant nous, la vie morale a pour foyer les mouvements intérieurs de la conscience, le monde moral est formé par la pluralité des caractères, de leurs modifications et de leurs rapports, la vie morale consiste dans l'action de chaque individu sur lui-même et sur les autres pour la formation de leurs caractères ; les dons naturels de l'esprit et du cœur ne sont qu'un matériel pour l'activité morale, le jugement moral est l'appréciation de ce qu'on a fait de soi-même et de l'influence qu'on a exercée sur la manière dont les autres se forment eux-mêmes, et la réflexion sur ce jugement me fait reconnaître que cet emploi du fonds donné par la nature, cette édification de nous-mêmes par nous-mêmes est, suivant le mot sincère et profond de Kant, la seule chose qui possède une valeur réelle. Ce que la conscience morale m'enseigne ici n'est au fond qu'une vérité logique ; il *m'est impossible de juger différemment* de mon point de vue du moment où je me comprends; puisque cette action de ma volonté sur elle-même est la seule chose en moi qui soit de moi, qu'elle constitue la propre réalité du moi, qu'elle seule me donne un titre quelconque au nom d'être.

Le déterminisme n'entre point dans ces considérations métaphysiques et n'accepte point cette conception morale. Suivant lui, la réalité des distinctions morales et la liberté du vouloir sont deux questions indépendantes ; car on aimerait des êtres que la loi de leur nature porterait invinciblement à servir autrui ; tandis qu'on détesterait ceux qu'une nécessité contraire obligerait à lui nuire. La responsabilité du coupable subsiste, car la responsabilité n'est que l'attente d'une punition, et cette punition est juste, car l'intérêt social la réclame et elle peut servir à l'amélioration du coupable. Ainsi la justice se résout en utilité. Nous l'accorderons volontiers de la justice sociale, qui n'a pas qualité pour aller plus loin. Mais quant au tribunal de la con science, en ramenant ses jugements à des associations involontaires d'impressions et de souvenirs, le déterminisme le dissout et, s'il est sincère, il faut qu'il l'avoue. Stuart Mill estime que faire du bien et du mal *moraux* une catégorie spéciale, opposée au bien et au mal *naturels* est commettre une pétition de principe. C'est effectivement postuler un principe, mais c'est bien par là qu'il faut finir, ou plutôt c'est par là qu'il faut bien commencer en tout état de cause, puisqu'on ne saurait remonter de preuve en preuve à l'infini. La pétition de principe alléguée n'est que l'affirmation de soi-même, la position de la personne. Déterminés dans tout notre être, nous ne sommes rien de nous-mêmes, et notre être n'est point en nous. Qu'il le sache ou non, le déterminisme est toujours un *acosmisme*, si vous permettez ce mot grec forgé par un Allemand; il revient toujours à la négation des êtres particuliers.

Aussi l'un des déterministes les plus sérieux et les plus conséquents des temps modernes, mon compatriote J.-P. Romang, un spinoziste sans fard et sans fraude, déclare-t-il panthéistes les partisans de la liberté. Ils rabaissent Dieu, dit-il, au niveau des êtres particuliers et s'attribuent une part de la vertu créatrice. Il y a bien quelque chose de cela. Oui, nous poussons la témérité jusqu'à voir dans la religion le contact d'une âme avec l'Ame, nous croyons que le Dieu créateur nous a conféré l'honneur insigne de collaborer avec lui; mais nous ne pensons pas le rabaisser en lui attribuant la faculté de limiter sa causalité infinie dans l'acte même où il l'exalte jusqu'au point de se donner des serviteurs et des compagnons par la création d'êtres libres. On dit que l'arbitre n'est rien, et c'est encore vrai dans ce sens qu'il surpasse toute logique et qu'il est indéfinissable : l'arbitre n'est rien, mais ce rien est tout. Suivant nous, du reste, cet arbitre ne s'exerce pas à chaque instant. Le déterminisme suffit à tout expliquer dans la vie, jusqu'au moment où le désir se trouve en conflit avec le devoir. Celui-ci se révèle comme une volonté qui est en nous, qui agit en nous sans être l'expression de notre organisme, mais qui n'agit pas avec une force irrésistible : céder au désir, obéir au devoir, telle est l'alternative unique proposée à la liberté, et la liberté, homogène au devoir, se réalise par l'accomplissement du devoir ou se détruit par sa défaite. L'idée même que chacun se fait du devoir s'explique suffisamment par le déterminisme; ce qui doit rester à l'arbitre pour que le monde moral et l'individu subsistent, c'est la volonté plus ou moins ferme d'obéir au devoir tel qu'on l'a conçu suivant un déterminisme où les décisions antérieures de l'arbitre figurent comme facteurs.

En résumé, voici la réponse à la question des rapports entre le déterminisme et la morale où nous conduisent les réflexions précédentes:

Si la morale a pour objet unique ou principal de régler les actes extérieurs, d'inciter à faire certaines choses et à s'abstenir d'autres choses, elle n'exige pas absolument la croyance au libre arbitre pour légitimer son existence comme objet de notre occupation. Les mobiles naturels déterminent nos préférences, l'expérience nous apprendra à discerner les façons d'agir avantageuses ou nuisibles pour nous-mêmes et pour la société, et l'influence réciproque des uns sur les autres fera porter quelque fruit à la communication de ces expériences et permettra, c'est-à-dire contraindra de les généraliser dans un enseignement que les uns comprendront et pratiqueront, que d'autres comprendront sans le pratiquer et que d'autres ne comprendront pas, suivant la nécessité de leurs natures respectives. Dans ce sens et dans cette limite, qui paraîtra suffisamment ample à certains esprits, la morale subsistera donc. La vie morale ne sera qu'un jeu de poulies et de rouages actionné par la sensation, mais enfin le moulin marchera. Toutefois il m'est impossible d'admettre qu'une conviction déterministe conséquente n'ait pas l'effet d'affaiblir considérablement le ressort moral, même chez les esprits les plus aiguisés et chez les caractères les plus énergiques, énergie et pénétration qui resteront toujours assez bornées. Comment, en effet, s'imposer à soi-même un effort si violent et si douloureux qu'on ne s'en juge pas encore capable, lorsqu'on est certain qu'en tous cas on ne fera que ce qu'on ne saurait s'empêcher de faire? Le très regretté Marie Guyau, dont l'âme jurait avec les doctrines, comme celle de Stuart Mill, ne manquerait pas de nous dire que le plaisir de se sentir vainqueur fournit l'incitation nécessaire; et nous répondrions que ceux pour lesquels ce plaisir l'emporte sur tous les plaisirs comme sur toutes les souffrances ne sont probablement pas loin de croire à la liberté. Mais c'est le petit nombre, et certainement le plus grand nombre sera détourné de l'effort et de la lutte contre soi-même par la conviction d'être, quoi qu'ils fassent, esclaves de la fatalité. Néanmoins, la morale subsistera tellement quellement comme règle des actes extérieurs. Mais si le premier objet de la morale est le règlement de la vie intérieure, s'il existe quelque chose qui mérite le nom de vie intérieure, si toutes les expériences de l'âme ne sont pas un spectacle d'ombres chinoises, un tissu de chimères et de déceptions; si le monde moral possède une valeur propre, si le jugement moral n'est pas une simple variété du jugement esthétique, s'il y a un mal, si l'honnête homme est autre chose qu'un homme avisé, ou plutôt qu'une grosse bête, alors le déterminisme est incompatible avec la morale, alors le déterminisme est absurde, alors le déterminisme doit être abhorré.

La divergence des sentiments sur les rapports entre le déterminisme et la morale semblerait donc, comme nous l'avons prévu, tenir à des conceptions différentes touchant l'objet et la nature de la morale elle-même. Et l'on conçoit que le déterminisme ait trouvé faveur dans les cloîtres, où les vertus civiles étaient considérées du dehors, mesurées par leurs résultats et tenues en médiocre estime, comme choses d'ordre inférieur ; tandis que la vie intérieure culminait dans l'intelligence et dans la science des choses divines. Or, toute notre théologie sort des cloîtres, y compris la théologie de Martin Luther.

En considérant et la difficulté réelle de certains enchaînements et la défiance qu'inspirent les plus apparents aux esprits subtils — l'impatience d'arriver à l'unité, qui séduit la raison en la lui faisant voir trop près et en la poussant à la chercher par un chemin trop court, — l'entraînement de la piété vers les doctrines qui montrent en Dieu l'auteur unique de tout bien et nous font disparaître en lui — la puissance enfin de l'intérêt scientifique, naturellement incliné vers les conceptions qui autorisent l'espoir de la science absolue, on s'expliquera que les anciennes orthodoxies aient versé dans le fossé du déterminisme. Mais aujourd'hui que chacun s'accorde à placer dans l'obéissance la vérité de la religion, on comprendra que la religion est incompatible avec le déterminisme, car la notion même de l'obéissance suppose le pouvoir de désobéir. Or l'obéissance est le seul lien du multiple avec l'unité qui conserve, respecte et proclame véritablement la réalité de l'un et de l'autre. La reconnaissance de l'ordre moral spécifique, à titre de bien en soi et de dernière raison des choses, est la suprême démarche de l'esprit.

LE LIBÉRALISME

LE LIBÉRALISME[1]

L'Etat a pour raison d'être et pour objet le respect du droit et le règne de la justice, dogme que M. Félix Bovet[2] énonce en ces termes brefs : « Le rôle de l'Etat n'est pas la « *production*, mais la *protection*. » Il n'appartient donc pas plus à l'Etat de créer la vertu que de créer la richesse; c'est assez qu'il leur procure et leur garantisse la faculté de naître, de subsister et de grandir.

Mais cette conception de l'Etat ne saurait passer pour axiomatique : l'histoire ne l'autorise que depuis un siècle, et nous la voyons combattue aujourd'hui de tous les côtés. J'essaierai de la justifier par quelques considérations tout à fait générales.

[1] Lu à Bruxelles, le 6 octobre 1891, au Congrès de la Fédération contre la légalisation du vice.

[2] Voir l'appendice aux *Droits de l'humanité*.

Il y a des honnêtes gens et des fripons. Quand nous avons fait un moment le silence en nous-mêmes, nous y trouvons le respect des premiers, fussent-ils faibles, pauvres et laids; nous méprisons les seconds, fussent-ils beaux, riches et puissants. La loi morale n'est pas affaire de coutume et de convention ; elle est essentielle à l'humanité, innée à l'humanité, bien qu'elle ne brille pas de la même clarté dans tous les membres d'une nation ni dans tous les âges de la vie. La loi morale est innée à l'homme, bien qu'elle n'apparaisse distinctement ni dans tous les enfants, ni dans tous les peuples enfants; comme la faculté de procréer son semblable est innée à l'homme sans appartenir à l'enfant, comme, sans se trouver chez les sauvages, la science et l'art sont innés à l'homme par les facultés qui les produisent.

Nous sommes donc des êtres moraux, c'est notre gloire et notre honte, c'est le trait distinctif de notre nature, c'est le fond de l'homme et sa substance même. Nous ne pouvons pas sortir de nous-mêmes, nous ne saurions apprécier ce que nous ne comprenons pas. Ce qui est le plus intime en nous est aussi le plus précieux pour nous. Le crédit, la fortune, le pouvoir, le talent même nous sont extérieurs; de fait nous pouvons leur vendre notre âme, et néanmoins nous ne saurions sincèrement, sérieusement les estimer plus que notre âme.

La seule chose aimable c'est la vertu, la seule chose haïssable c'est le vice, car tout le reste devient bon ou mauvais, nuisible ou salutaire selon qu'il est mis en œuvre par le vice ou par la vertu. Rien ne saurait égaler le prix d'une conscience pure, rien ne saurait en approcher, tout le reste est d'un ordre inférieur. Ce n'est pas Kant qui le dit, ce n'est pas Pascal qui le dit, ce n'est pas Jésus qui le dît, c'est vous-mêmes, et si vous n'en voulez point convenir, j'aime à penser, pour votre honneur, que vous vous mentez à vous-mêmes; autrement vous sortiriez de l'humanité. Celui qui ne distingue pas le bien du mal et ne comprend pas la valeur de leur opposition, celui « qui ne sait pas bien ce que c'est que le péché, » n'est qu'un singe, le plus savant peut-être et le plus spirituel des singes.

Nous ne sommes jamais sûrs que notre œuvre soit bonne, car le résultat ne dépend pas de nous : telle vérité peut nuire, tel mensonge être expédient, la charité la plus intelligente peut être trompée et servir au mal. Sans la persécution, les martyrs n'auraient pas acquis leur couronne, et l'excès de la tyrannie est le signal de la liberté. Notre intention est la seule chose que nous puissions qualifier avec certitude; à proprement parler la volonté seule est bonne ou mauvaise, et celui qui veut aller au fond des choses devra s'avouer que le seul progrès véritable consisterait dans l'amélioration des volontés. Mais la volonté ne saurait s'exercer et se cultiver qu'en agissant. Ainsi la liberté d'agir des personnes, qui n'est pas le bien positif, puisqu'elle peut aller au mal comme au bien, n'en mérite pas moins le plus grand respect, les plus grands sacrifices, et n'en constitue pas moins le bien social par excellence, comme l'indispensable condition de l'action morale, laquelle est proprement le seul bien véritable, auprès duquel le reste n'est rien. Si nous réclamons l'indépendance individuelle la plus large, ce n'est pas pour le plaisir, très vif d'ailleurs, d'agir suivant notre caprice — un libéralisme pareil serait frivole et sans force — c'est pour pouvoir nous développer, nous constituer par une activité vraiment morale dans toutes les sphères qu'elle est susceptible d'occuper. En quoi consiste proprement l'action morale, quel est l'objet de la bonne volonté, la substance de la vertu? C'est ce qu'il est plus facile de sentir que de formuler; nous aurons l'occasion d'y revenir, il suffira pour le présent d'entendre les mots *bien* et *mal* au sens qu'ils offrent à la conscience des peuples civilisés. Donc, la liberté d'agir, condition du seul vrai bien, se trouvant incompatible avec la contrainte, les résultats obtenus par la contrainte ne possédant jamais la valeur des résultats obtenus par la liberté et n'étant dès lors jamais vraiment bons, la contrainte est un mal en elle-même, non seulement un mal sensible, mais un mal moral : elle ne devrait pas se produire, et s'il est impossible de s'en passer, il faut la réduire au minimum indispensable.

Il est effectivement impossible de s'en passer. Plusieurs se disputent la même chose; une créature humaine peut devenir un instrument de lucre ou de jouissance pour d'autres hommes, qui s'en emparent. En un mot les volontés individuelles *n'étant* pas harmonisées, l'entier déploiement de l'une est incompatible avec l'entier déploiement des autres; l'intérêt de tous exige donc que ces envahissements soient réprimés. Et comme chacun le comprend, l'Etat subsiste. Quelle que puisse être en fait l'origine des gouvernements, laquelle varie d'un pays à l'autre, chacun veut la société, même les Timon qui s'en éloignent, et chacun veut un pouvoir répressif dans la société, y compris messieurs les voleurs, car, sans répression, point d'ordre et sans ordre, point de richesse, par conséquent rien à voler. D'ailleurs possession veut protection, par quelque chemin qu'elle soit acquise.

Toutes les ordonnances, toutes les institutions de l'Etat reposent, directement ou indirectement, sur la coërcition matérielle. Il se passe de notre amour, l'obéissance lui suffit, et l'intérêt du plus grand nombre à chaque moment lui prête les moyens d'imposer cette obéissance et d'y ramener ceux qui s'en écartent. Mais si la contrainte s'exerce au-delà de l'indispensable, elle empiète sur la liberté des individus, qui est le bien social par excellence, elle rétrécit le champ de la moralité spontanée, qui est pour nous le bien absolu. Cette considération d'ordre supérieur nous prescrit de borner l'Etat aux compétences nécessaires pour faire régner le droit entre ses ressortissants, c'est-à-dire pour forcer chacun à respecter la liberté des autres.

Tel est le sens et la raison d'être du libéralisme.

Les attributions d'un tel Etat, qu'on a cru plaisant d'appeler l'Etat gendarme et que nous désignerions plutôt sous le nom d'Etat justicier, s'étendent naturellement fort au-delà de l'établissement des tribunaux et de l'exécution de leurs sentences, puisqu'elles impliquent le droit et l'obligation de suppléer à l'initiative des particuliers pour tous les établissements nécessaires au règne de la justice et de la paix dans une civilisation donnée. Ces compétences régulières varient naturellement suivant les circonstances de chaque pays. Presque partout le pouvoir, qui semble fort goûté de ceux qui l'exercent, s'étend au-delà des limites où le tiendrait la théorie, tantôt sur un point, tantôt sur l'autre, mais l'administration de la justice est, avec la défense du pays contre les dangers extérieurs, l'unique soin dont aucun gouvernement n'ait jamais cru possible de se décharger, le seul aussi pour lequel l'emploi de la force demeure indispensable à la civilisation ; de sorte que l'histoire s'accorde avec la raison pour y voir la fonction normale de l'autorité publique.

De nos jours, néanmoins, ces principes sont décriés. L'Etat de droit, qu'on avait peut-être négligé d'asseoir sur sa vraie base, l'Etat *protecteur* ne suffit plus, on veut l'Etat producteur. Un grand parti, dont le nombre s'accroît sans cesse, réclame l'Etat producteur de la richesse et du bien-être. On se plaint des inégalités qu'entraîne le jeu des activités individuelles, et l'on s'indigne en voyant la misère accompagner partout l'opulence. On veut que l'Etat, seul propriétaire, mette en œuvre le sol et l'outil, en assignant à chacun sa tâche; comme Esaü vendit son droit d'aînesse, on est pressé de vendre sa liberté contre un potage.

Si nous pouvions entrer ici dans des discussions économiques, nous ferions voir que le potage serait mal cuit et peu nourrissant. Nous rappellerions que les inégalités dont on se plaint n'ont pas la liberté pour cause unique, mais aussi les faveurs et les exactions du pouvoir, mais surtout l'appropriation de biens qui ne sont pas naturellement appropriables, puisque, nécessaires à tous, ils ne sont l'œuvre de personne. Nous montrerions enfin, par d'éclatants exemples, qu'avec un peu d'intelligence, avec une culture dont la société facilite aujourd'hui l'accès aux enfants du pauvre, la liberté d'association leur suffit pour s'émanciper eux-mêmes et pour obtenir la valeur intégrale de leur travail, soit en devenant propriétaires, soit même en restant salariés. Mais nous ne pouvons pas nous étendre davantage; nous passons donc à d'autres contradicteurs, aux yeux desquels notre individualisme n'est que licence, et qui réclament l'Etat moralisateur, l'Etat propagateur et champion de la vérité religieuse elle-même, l'Etat chrétien.

Voici ce qu'un homme de bien, un chrétien sincère, Edmond de Pressensé, leur répondait il y a quinze ans : « Parce qu'il est le droit armé, usant de contrainte, l'Etat n'a nulle compétence dans le domaine de la conscience, puisque la contrainte suffirait pour frapper celle-ci de stérilité et de mort, et pour briser le ressort même de la vie morale. Donc la croyance doit lui échapper, car son glaive ne peut pas l'atteindre, mais seulement la matérialiser et la fausser. Il n'a pas davantage à s'immiscer dans la morale purement individuelle, à empêcher le mal qui ne nuit qu'à son auteur, à le forcer au bien, car il enlèverait ainsi tout caractère moral à son action. L'homme ne peut être soustrait à la grande épreuve de la vie, avec ses risques et ses périls. En outre, l'Etat ne pouvant pénétrer dans le for intérieur, serait toujours condamné à la morale la plus extérieure, la plus pharisaïque. Il n'est chargé ni de notre salut, ni de notre moralité personnelle. Sa main est trop lourde. Et comme la contrainte est le mode nécessaire de son action, il ne saurait intervenir dans une sphère qui appartient essentiellement à la liberté et où tout se passe entre l'âme et Dieu. L'Etat qui veut faire plus *fait le Dieu*, et si Pascal a dit que qui veut faire l'ange fait la bête, que dire de l'Etat qui fait le Dieu, sans avoir précisément des anges à son service? C'est là l'erreur fondamentale de tous les régimes paternels, qui prétendent traiter toujours l'homme en mineur et le conduire avec des lisières dans la route du bien. Sans compter que les directeurs spirituels sont souvent pires que ceux qu'ils dirigent. *Quis custodiet custodes?* »

Ceci pourrait nous suffire, mais il faut prévenir un malentendu. Si nous laissons aux particuliers le souci de gagner leur pain et de régler leur vie, ce n'est point que nous nous attachions d'une manière exclusive à la considération de l'individu. L'individu ne forme un tout indépendant que pour la pensée abstraite et pour l'illusion du sens grossier. L'individu seul n'est rien. Physiologiquement, économiquement, moralement, il dépend de ses semblables, il adhère à ses semblables, dont il procède. Dans le monde où nous vivons, tel que l'expérience nous le fait connaître, l'individu n'est qu'une cellule éphémère qui entretient un moment le courant vital de l'humanité, laquelle à son tour n'est peut-être aussi qu'un organe. Et s'il y a pour l'homme un avenir au-delà de la vie terrestre, ce rapport qui le constitue n'y saurait être supprimé, autrement l'identité de l'être disparaîtrait. L'individualisme blesse le nerf même de la pensée. Les sens, le cœur, l'intelligence, tout en nous pousse à l'unité. L'affirmation de l'unité est l'acte essentiel de la raison, la réalisation de son unité propre est l'objet essentiel de la volonté humaine. Ce nom du bien que nous cherchions tout à l'heure, le voilà : c'est l'unité ! La vocation de tout être est de réaliser la sienne ; l'homme n'est vraiment homme que s'il concourt à celle du genre humain. Mais l'unité que chaque être doit accomplir est l'unité conforme à sa nature : l'unité de l'être moral est l'unité morale, une unité spontanée, que la volonté libre produit et maintient. Le libre arbitre est une chose individuelle, la conscience morale n'appartient qu'à l'individu, il faut donc pour la constitution de l'humanité véritable que l'impulsion vienne de l'individu. L'unité dans la contrainte et par la contrainte n'est qu'un semblant contradictoire, puisque l'idée même de contrainte implique une résistance, un antagonisme. Et s'il n'y avait point de résistance la contrainte serait de trop. C'est pourquoi nous voulons la réduire autant que possible. Chacun comprend que si les volontés étaient convergentes, la contrainte n'aurait plus de lieu. Il est donc manifeste que l'unité d'un tout dont les volontés libres forment la substance ne saurait être un effet de contrainte, et que l'organisation de la contrainte ne saurait en être ni le représentant ni l'expression. Elle doit résulter d'un libre concours. L'Etat n'est donc pas l'agent de l'union véritable, il n'en représente qu'une condition négative. Ainsi pour l'agriculture, pour l'industrie, pour le commerce, qui établit des rapports entre les hommes répandus sur toute la terre, notre idéal n'est ni le collectivisme forcé, ni la concurrence, mais la coopération, qui produit déjà des résultats partiels considérables et qui, pour asseoir son règne et devenir universelle, ne demande aux hommes que l'intelligence de leurs intérêts particuliers, moyennant le respect du droit d'autrui garanti par l'autorité. Dans l'ordre matériel, dans la société industrielle, l'unité se réalise peu à peu, non sans peine, mais visiblement, par la division du travail, c'est-à-dire par le concert des efforts pour tirer le meilleur parti possible des trésors de la nature, sous l'impulsion d'un intérêt personnel bien entendu. Avant tout, que chacun affermisse par son travail sa liberté personnelle, le domaine moral lui fournira l'occasion d'en faire usage.

Dans ce dernier champ, patrie de la vérité, nous tendons à réaliser l'unité vraie, qui s'appelle AMOUR. Ici les volontés ne convergent pas seulement, elles se pénètrent. Aimer quelqu'un, c'est vouloir qu'il soit, qu'il réalise complètement sa nature, et puisqu'il s'agit d'êtres libres, les seuls qui puissent vraiment être aimés, c'est vouloir leur liberté et par conséquent la respecter. Ainsi se résout d'elle-même l'opposition prétendue de l'amour et de la justice, dont on n'a pu faire étalage qu'en donnant au mot amour un sens vulgaire et superficiel, sans aller jusqu'à la vérité de son idée. Plus l'aveuglement des faux serviteurs de l'amour a rendu cette méprise facile, plus il importe de la signaler. Mais si grands qu'aient été les crimes commis en son nom par le fanatisme, l'amour ne reste pas moins la vérité de la vie. Amour, unité, bien moral sont des expressions synonymes. Le bien moral consiste à se créer soi-même comme esprit et volonté en affirmant, en cultivant l'esprit et la volonté de ses semblables. Se faire aimer d'eux par la puissance de son propre amour, c'est préparer l'unité vraie en rendant les volontés convergentes.

Au fond de toutes les associations désintéressées, quel qu'en soit l'objet : la science, l'art, le plaisir, nous trouvons l'amour du prochain, qui en fait la durée, le sel et le prix. Mais aimer le prochain, c'est le trouver aimable ; nous le trouverons aimable en le considérant dans son idée, qu'il réalise parfois assez grossièrement. *Les volontés ne convergent et ne se pénètrent qu'en se dirigeant vers un même point.* C'est pourquoi la société morale est nécessairement une société religieuse, dont l'objet est supérieur aux individus dans leur réalité particulière, que cet objet soit l'humanité même ou le monde, ou quelque pouvoir bienfaisant que cherche le cœur par delà le monde et l'humanité. Aussi donnerions-nous volontiers le nom d'Eglise à la société morale dont relèvent au fond toutes les associations désintéressées, s'il était bien entendu que cette Eglise s'interdit absolument, sincèrement d'user de contrainte envers personne et d'invoquer jamais la contrainte à son aide. Qu'une société pareille réponde seule au besoin d'unité qui nous possède, pour obscurément que nous la trouvions ébauchée dans un monde encore au maillot, c'est ce qu'il est inutile d'expliquer

Quel que soit l'objet de notre poursuite, l'esprit dans lequel nous agissons importe plus que l'œuvre elle-même. Les résultats obtenus par la voie coërcitive n'auront jamais la même valeur que les résultats obtenus par la volonté spontanée, dont la qualité seule est la vraie valeur. Le bien, moral en apparence, fait pour éviter les pénalités légales, a cessé d'être un bien moral. Comme vous le disait Pressensé tout à l'heure, charger la loi de faire régner la vertu, c'est supprimer la vertu. D'ailleurs, même à ne regarder qu'au résultat extérieur, la spontanéité reste plus forte que la contrainte.

Un corps de volontaires se battra mieux qu'un bataillon de conscrits traqués dans les bois par la gendarmerie et transportés en wagons fermés sur le théâtre des hostilités. Dans l'unité par compression il y a deux forces perdues : celle qui comprime et celle que les éléments comprimés consomment dans leur résistance. Loin de réduire l'espèce en poussière en bornant le rôle de la contrainte à garantir les libertés individuelles, nous affirmons donc son unité de la façon la plus énergique. L'unité d'un être multiple dont la volonté libre forme l'essence ne saurait se réaliser que librement. Tels nous paraissent être le sens et la justification du libéralisme.

L'Etat, tel que nous le comprenons, n'a donc pas qualité pour la production du bien positif, mais, pour être négative, la fonction qu'il remplit ne perd rien de son importance, attendu qu'elle est indispensable. Il n'enfante pas la richesse, il ne crée pas la vertu, mais il rend leurs progrès possibles dans la société économique et dans la société morale en assurant aux individus toute la liberté d'action compatible avec la même liberté chez tous les autres, liberté du mal comme du bien, car elles sont inséparables. L'Etat qui nous taxe et qui nous commande tire tout son droit à l'existence du fait qu'il est nécessaire au règne du droit et le règne du droit nécessaire au déploiement de la vie morale qui donne une valeur positive à l'humanité.

LE DROIT DE FAMILLE

LE DROIT DE FAMILLE[1]

La morale nous lie à tous les êtres qui sentent, elle nous commande de chercher à les rendre heureux. La justice nous impose l'obligation stricte de considérer tous les êtres raisonnables ou capables de le devenir comme étant leur propre but; elle nous interdit de les utiliser pour nos fins autrement que de leur plein gré, moyennant les compensations morales ou matérielles qu'ils jugent équitables. Cette règle ne souffre point d'exception. L'avantage des femmes et des enfants doit donc, sui-

[1] Lu à Genève au Congrès de la Fédération contre la légalisation du vice en septembre 1889 et inséré dans la *Revue du Christianisme pratique*, numéro de novembre de la même année.

vant les principes du droit naturel, être le but exclusif de toutes les dispositions légales qui concernent ces deux classes.

D'autre part, à l'exception peut-être des lois russes promulguées au cours du siècle dernier sous les règnes de trois impératrices, ces dispositions ont été jusqu'ici constamment arrêtées par des adultes appartenant au sexe masculin. Plusieurs estiment qu'il en sera toujours de même, attendu qu'il ne saurait en être autrement. Celui qui établit et qui limite la condition juridique d'un autre est son souverain. Celui qui reçoit le droit du premier en est le sujet; les femmes et les mineurs sont collectivement assujettis aux hommes faits, dont ils reçoivent leurs lois, et ces lois à leur tour attribuent aux femmes et aux mineurs individuellement la condition de sujets et de serviteurs dans leurs familles respectives. Ce service est-il imposé, cette soumission est-elle exigée dans l'intérêt des êtres soumis? Faut-il y voir la condition naturelle et normale de personnes temporairement ou constamment incapables de se gouverner elles-mêmes et confiées à la tutelle de protecteurs nés, dont la loi civile se bornerait à préciser les devoirs en consacrant leur position? C'est bien là ce qui devrait être, et c'est ainsi que les optimistes, les partisans du *statu quo* s'efforcent de nous représenter ce qui est.

Leur tâche est malaisée. Avant même qu'on soit entré dans le détail des lois positives et dans la recherche de leurs effets, une présomption s'élève contre l'idée qu'elles instituent un pouvoir tutélaire à titre gracieux. C'est un sexe, c'est une division naturelle du genre humain qui a disposé du sort d'une autre et règne sur elle. A côté de ce grand exemple hypothétique, existerait-il d'autres cas avérés où quelque classe ait dominé sur une autre classe dans l'intérêt des administrés et non dans son intérêt propre, ou d'une classe de gouvernants qui ait seulement mis en balance l'intérêt général des administrés avec ses intérêts particuliers comme classe? Nous avons consulté nos souvenirs personnels et nos réminiscences de collège sans trouver d'exemple pareil. De plus érudits auraient été peut-être plus heureux. Ceux qui connaissent un intérêt de la Suisse ou de l'Italie distinct de celui des Suisses ou des Italiens, ceux qui ont compris dans quel intérêt de l'Allemagne les propriétaires distillateurs y renchérissent le pain des Allemands ne trouveront aucune difficulté dans notre problème, mais leurs lumières nous font défaut.

L'histoire fait surgir contre l'hypothèse de la tutelle bénévole une autre prévention plus directe et plus incisive. La domination légale dont nous discourons porte encore le nom officiel de *puissance*: puissance maritale, puissance paternelle. Et dans le système de législation dont procèdent nos codes modernes, dans le système de législation auquel les juristes modernes n'ont pas cessé d'emprunter leurs définitions, leurs divisions, leurs distinctions et tout leur appareil scientifique, la puissance, la *manus*, la *potestas* est, sans nul doute possible, instituée ou consacrée en faveur de celui qui l'exerce, puisqu'elle implique le droit de vie ou de mort sur l'être assujetti.

Le droit de puissance n'est qu'une forme dérivée du droit de propriété dans un ordre légal où l'appropriation des personnes était formellement reconnue. C'est une espèce de servitude temporaire, que la perpétuité des familles et les changements qu'elle entraîne dans la condition de leurs membres ne permet point de confondre avec l'esclavage, mais qui établit des rapports tout à fait semblables à ceux du maître et de l'esclave. Les mots famille et *famulus* sont de même origine. Atténuée déjà dans la Rome antique, la *potestas* s'est adoucie grâce à l'idée de cette égalité foncière qui naît d'une responsabilité devant Dieu commune à toutes les âmes. Cependant ces modifications et ces tempéraments ne peuvent pas renverser le rapport primitif, autrement il faudrait dire que l'esclavage, établi dans l'intérêt du maître, a été conservé dans térêt de l'esclave. Aristote n'était pas fort éloigné de cette opinion : il pensait que les barbares, incapables de se gouverner eux-mêmes, étaient soumis aux Grecs en vertu du droit naturel, et pour preuve il se contentait d'alléguer la divine beauté des Hellènes. Nous avons vu de nos jours l'esclavage des noirs s'écrouler dans une épouvantable guerre civile. Il n'est pas permis d'oublier la position qu'avaient prise dans cette question la plupart des communautés orthodoxes du Nouveau-Monde et tout ce qui dans les Iles Britanniques se piquait de quelque *respectabilité*. Sans aller peut-être jusqu'à se représenter l'esclavage comme une charge que les planteurs s'imposaient en faveur de leurs nègres, tant d'honnêtes gens n'auraient pas pu défendre cette institution s'ils ne l'eussent pas envisagée comme un bienfait pour la classe asservie. Ceux qui parlaient ainsi pensaient-ils tous ce qu'ils disaient? je n'oserais trop l'affirmer ; aujourd'hui leur opinion n'est plus défendue, et nous n'offensons personne en disant que l'esclavage était un rapport juridique établi dans l'intérêt exclusif du maître. Lorsqu'il renferme un droit garanti sur la vie de l'esclave, il constitue le droit de puissance typique et complet, qui se confond avec le droit de propriété.

C'est encore un droit de propriété que la puissance du père de famille romain, qui est libre de nourrir ou d'abandonner l'enfant qui lui naît et reste le juge de ceux qu'il a relevés. Il en est de même du pouvoir de l'époux sur la femme, qu'il achète à sa famille. Aujourd'hui ce sont plutôt les filles qui s'achètent des maris ou pour le compte desquelles on en achète, sans toutefois, par ce procédé, leur en acquérir la propriété, ni même l'usage exclusif. Les pères ne sont plus autorisés à mettre à mort leurs enfants, et l'on pose en principe qu'une personne ne peut pas être la propriété d'une autre. Mais la valeur de ce principe est purement théorique : il énonce une règle digne d'être observée, sans indiquer le moins du monde une impossibilité de fait. Les personnes sont au contraire la plus ancienne et la plus précieuse de toutes les propriétés. Nos lois modernes ne la reconnaissent pas, mais les droits de puissance qu'elles consacrent n'ont pas d'autre origine et conservent encore la marque très distincte de cette origine.

L'intention du législateur moderne dans l'organisation de la puissance paternelle, sa prétention dans le droit nuptial, c'est de transformer le vieux droit de puissance, établi dans l'intérêt de celui qui l'exerce, en une tutelle obligatoirement administrée dans l'intérêt des pupilles naturels. Seulement l'intention n'est pas toujours réalisée, et la prétention n'est pas toujours bien sincère. Nos lois sur les droits de l'époux et du père font l'effet d'un compromis plus ou moins conscient, plus ou moins heureux entre des principes contradictoires. Sans justifier notre allégation par une critique détaillée, nous essayerons de marquer, en nous appuyant sur quelques principes incontestables, les traits principaux du seul droit de famille que la raison puisse avouer.

Notre principe fondamental, c'est que toute personne a des devoirs. La personne, à notre avis, ne devient vraiment personne qu'en apprenant à connaître ses devoirs. S'il en est ainsi, la personne a des droits naturels incontestables, elle a droit à toute la liberté, elle possède naturellement toutes les compétences nécessaires à l'accomplissement de son devoir. Elle a donc droit à la vie, et ne pouvant subsister que par le travail, elle possède un droit naturel aux produits de son travail. Les applications à la famille se font d'elles-mêmes.

Essayons donc d'esquisser en traits généraux la condition normale de la fille majeure et de la veuve, celle de l'épouse et celle de l'enfant.

I

La loi reconnait la personnalité juridique effective de la femme seule, puisqu'elle lui laisse le soin de subvenir à son entretien. Dès lors elle ne saurait sans injustice, et l'usage ne saurait, sans cruauté, gêner celle-ci dans le développement et dans l'exercice de ses facultés. Partout où l'instruction de la jeunesse est un service public, toutes les écoles doivent être ouvertes à la jeune fille, les études de l'un et de l'autre sexe doivent être appréciées de la même manière, et leurs résultats constatés entraîner les mêmes conséquences légales. Si la justice était compatible avec le privilège, c'est à la femme qu'il conviendrait de réserver certaines carrières; mais on ne réclame que la parité. Les restrictions à son travail proposées au nom des convenances, de la pudeur, de l'humanité même, vont à contre-fins. Elles prêtent au soupçon d'hypocrisie quand la loi qui prétend servir l'intérêt de la femme en lui interdisant certains métiers ne songe point à lui réserver ceux auxquels elle est le plus propre. L'inégalité des aptitudes mentales et corporelles se manifestera suffisamment par le résultat de la concurrence, il semble au moins superflu de venir en aide au plus fort en la soulignant par des exclusions légales. Mais il en est des fonctions publiques et du barreau comme de l'art médical, de la typographie et de tant d'autres professions : l'homme y défend son monopole dans son intérêt matériel. Nous n'ajouterons pas que le même travail a droit au même salaire; en demandant la consécration légale de cette règle de justice nous craindrions de nuire à nos clientes non moins que de porter atteinte à la liberté des contrats.

Toutes les restrictions à la faculté d'acquérir particulières à l'un des sexes doivent donc être abrogées. Nous en dirons autant des dispositions qui, sous des prétextes plus ou moins spécieux, tendent à gêner la femme dans l'administration de son avoir. Aucune raison d'utilité ne saurait être invoquée ici contre le principe de l'égalité juridique. Rien ne prouve qu'en moyenne la femme se montre moins capable que l'homme dans une semblable gestion ; en maint pays, les faits conduiraient plutôt à des conclusions tout opposées. Puis, même en admettant que le besoin d'un conseil judiciaire fidèle et dévoué fût plus nécessaire au propriétaire du sexe féminin qu'à celui de l'autre, il faudrait voir de quels moyens la société dispose pour obtenir ce dévouement et cette loyauté. On a fait sur ce sujet des expériences peu satisfaisantes.

Enfin, quant à l'héritage, les lois qui établissent encore en certains pays une inégalité au détriment des filles dans les successions *ab-intestat* doivent être absolument condamnées; tandis qu'une disposition toute contraire se justifierait à bien des égards. Le seul droit naturel des enfants sur la fortune de leurs parents, la juste réserve légitime est le complément de leur droit d'être rendus aptes à s'entretenir par leur travail ; et ce résultat doit être obtenu partout où la chose est possible, soit qu'il absorbe, au détriment des enfants établis, la totalité des biens délaissés, soit qu'il n'en exige qu'une fraction insignifiante. On comprendrait dès lors un privilège dans la succession en faveur du sexe que la nature a rendu moins propre aux occupations lucratives ; mais l'usage inverse, issu d'une conception arbitraire de la perpétuité des familles, ne se soutient que par des raisons de vanité.

Personne ne défend plus les coutumes qui permettent aux parents d'imposer ou d'interdire un époux à leurs filles majeures ; nous n'avons donc pas besoin de les discuter. Renonçant à examiner si le sexe faible peut réclamer légitimement une part au gouvernement de la société, ni quelles seraient les conséquences d'une révolution pareille, ne voulant pas même savoir quelles chances possède la femme d'arracher la pleine égalité civile à des législateurs masculins, nous arrivons à la question de l'union conjugale.

II

Le mariage est une consécration juridique des relations sexuelles. Les individus qu'il associe sont des êtres naturellement hétérogènes et incomplets. Au point de vue juridique, ce sont des personnes. Pour comprendre ce que doit être le mariage, il faut tenir compte également de cette parité juridique et de ces différences naturelles. Suivant la loi du phénomène, l'existence individuelle est passagère, l'espèce permanente, relativement du moins ; l'individu est l'accident, l'espèce est la substance, l'individu est le moyen, l'espèce, la fin. L'appétit sexuel, dont la satisfaction implique un sacrifice total ou partiel de la vie individuelle, a pour but la perpétuité de l'espèce ; le choix dans les objets de cet instinct, le mystérieux caprice des préférences tend à son perfectionnement. La niaise frivolité d'un égoïsme sentimental a seule pu découvrir un avilissement de l'amour dans cette vue, qui transporte l'objet réel de la passion en dehors, au-dessus des individus subjugués par la passion, dans l'intérêt universel. L'amour des sens est à la charité ce que la nature est à la raison, un germe, un symbole, un contraste. La charité est la liberté par excellence, la liberté s'attestant comme liberté : c'est l'accomplissement de la raison dans la constitution de l'unité suprême. L'amour est la souveraine folie, la contrainte irrésistible, le résumé, le point central de la nature. L'individu n'y cherche ni l'intérêt de l'espèce, auquel il ne songe pas, ni la satisfaction d'un besoin particulier dont la fin est hors de lui : dès qu'il y vise il n'aime point. Ce qu'il poursuit en réalité, c'est la satisfaction de tous ses besoins physiques, intellectuels et moraux.

L'individu n'est pas complet, il ne représente qu'une moitié de l'humanité ; le couple seul est l'individu complet, tel est le sens du mariage, la raison profonde de l'indissolubilité du mariage et de la monogamie. L'homme se complète par la femme et réciproquement, à tous les égards. Et cette humanité complète se perpétue, parce qu'elle est complète. L'amour sans le plaisir est une maladie, pour ne pas dire un vice, car c'est une maladie où l'on s'abandonne ; le plaisir sans l'amour est une dégradation, parce que c'est une mutilation, une séparation violente d'éléments faits pour rester unis. Pris à ce point de vue, qui est celui de la réalité dans tous les bons ménages, et qui est en tout cas l'expression de la nature des choses, l'expression de nos besoins — pris comme la fin de l'amour, comme la pénétration complète de deux moitiés d'être pour former l'être véritable, il est évident que le mariage ne comporte ni pluralité, ni jouissance cueillie au dehors, enfin qu'il doit durer autant que la vie.

Nous portons cet idéal dans notre conscience: celui qui aime entend bien, pendant qu'il aime, se donner tout entier et pour toujours; s'il cherche le plaisir à d'autres conditions, c'est qu'il n'aime point. S'il est agréé sous ces conditions, et si ces conditions sont réciproques, elles doivent être observées, en vertu du principe général des contrats, qu'elles soient publiques ou secrètes, expresses ou sous-entendues, il n'importe. Ainsi le mariage, au sens parfait où nous le prenons, devient un fait juridique. A ce titre il réclame la publicité, afin qu'il soit respecté des tiers. Sans être annulés, les mariages secrets pourraient être mulctés d'une peine.

Pour les époux eux-mêmes, la publicité n'est

pas moins nécessaire, comme preuve de réalité de leur engagement. Les lois qui établissent le mariage sur des indices vont peut-être, dans l'intérêt des bonnes mœurs, au-delà de ce que le droit comporte. Cependant lorsque des enfants sont nés d'une union toute privée, comme leur intérêt est le premier de tous, et l'Etat leur protecteur naturel, il doit les présumer conçus sous promesse de mariage et la sanction naturelle d'une promesse de mariage est une sentence du juge qui en déclare la validité.

La société ne saurait refuser de reconnaitre une convention libre dont les fins sont à la fois parfaitement naturelles et parfaitement morales. Cependant la loi ne pouvant imposer efficacement l'indissolubilité du mariage, elle aurait tort de l'entreprendre. Dans le cas où l'union serait détruite soit par l'infidélité d'un époux, soit par une conduite incompatible avec la communauté de vie, refuser le divorce, avec la faculté de former d'autres nœuds, serait condamner à l'esclavage, ou tout au moins à des privations imméritées, le conjoint qui aurait respecté ses engagements.

La monogamie et l'indissolubilité sont les éléments d'un idéal que la loi suppose et dont elle n'a jamais obtenu la réalisation générale et sérieuse. La question de savoir quelles formes inférieures d'union elle pourrait autoriser intéresse principalement le droit des enfants, où nous arriverons tout à l'heure. Cependant nous écarterons déjà la polygamie, comme impliquant, au détriment de la femme, une inégalité qui participe inévitablement de l'esclavage.

Le mariage résultant d'un accord librement stipulé entre deux êtres raisonnables, ce contrat ne doit renfermer aucune clause immorale, et rien ne saurait être plus immoral que de renoncer à sa liberté personnelle. Aussi ne pouvons-nous trop réprouver les législations suivant lesquelles la femme ne peut concilier l'honneur, l'amour et la maternité qu'en sacrifiant sa personnalité juridique. Si le devoir de l'individu n'était pas un compromis perpétuel entre la raison et la coutume, si la nature ne rétablissait pas le plus souvent elle-même l'ordre renversé par la loi, nous serions contraint d'avouer que la condition faite à la matrone est plus abjecte encore et plus immorale que la profession de la courtisane ; puisque celle-ci ne prête que son corps, tandis que *l'honnête femme* se livre toute entière et pour jamais. Que l'union conjugale entraine un sacrifice permanent très considérable de la liberté singulière, c'est inévitable ; mais pour que cet abandon soit justifié moralement, il faut qu'il soit réciproque, franchement, complètement réciproque, et tende à la constitution d'une personnalité collective. Dans un ordre de justice, la base de la communauté ne saurait être que l'égalité des termes unis, du moment où l'on reconnait leur égalité juridique au point de départ ; car suivant la justice une personne ne saurait se ravaler à l'état de matière et d'instrument pour une autre personne. La nature, qui permet l'abus de la force matérielle, conserve ses droits sans doute, même après que la force matérielle s'est assujettie à la raison. Mais loin d'asservir l'épouse à son mari, la civilisation, c'est-à-dire la nature pénétrée par la raison, contredit cet asservissement prononcé par la loi, et sur ce point réforme la loi. L'infériorité musculaire du sexe et la prédominance de son rôle dans la continuité des générations marquent sa place dans la famille : l'homme acquiert, la femme administre et conserve, l'homme combat, la femme guérit ; ils sont l'un à l'autre comme la tige à la branche, le centre au rayon, le déploiement à l'intimité ; aussi le phénomène si familier et si bien nommé de la femme *évaporée* ne saurait-il s'expliquer que comme un produit du dessèchement où s'achève la corruption dont l'asservissement légal du sexe procède et qu'il perpétue. Dans l'ordre commun, la femme préside au ménage et doit y rester maîtresse ; tandis que le mari vaque librement à la profession qui l'entretient. En cette qualité, c'est à lui qu'appartiendra d'ordinaire le choix de la résidence, mais il n'en est plus de même lorsqu'il vit du bien, et moins encore du travail de sa femme. Ce point important devrait, ainsi que bien d'autres tranchés par la loi, être réglé librement par les contrats [1], au silence desquels la loi pourrait suppléer, comme elle le fait pour la distribution des héritages.

Les droits de la mère sont égaux à ceux du père relativement à l'éducation de leurs enfants : lui reconnaître ces droits en principe, les attribuer en fait à la veuve, et prononcer que durant la communauté de vie ils sont exercés par le père seul, c'est reconnaître qu'en prenant un mari, la femme, libre en principe, accepte une

[1] En disant que dans ce cas la loi ne devrait pas permettre au mari de choisir le domicile (*Droit de la femme*, 4e édition, p. 38) nous étions allé plus loin que notre pensée, qui trouve ici sa véritable expression.

véritable servitude. Il est douteux qu'il lui fût loisible de renoncer, même par contrat, à sa part de la puissance paternelle ; il est absolument inadmissible que la loi lui impose une pareille abdication. La nécessité de départager les voix n'exige point que la femme soit subordonnée en toutes choses. Le contrat pourrait attribuer la voix décisive à l'une ou à l'autre des parties pour chaque matière en particulier, suivant la diversité des circonstances, ce qui, par égard pour les intérêts des tiers, impliquerait l'enregistrement public des contrats. Pour décider dans les conflits inévitables, nous écarterions, comme contraire à l'intimité des relations conjugales, l'intervention d'un magistrat ou d'un conseil de famille. Un simple arbitrage semblerait préférable et parfaitement suffisant. La subordination volontaire de la femme au mari nous paraît être l'état normal ; mais les exceptions sont si nombreuses et les abus de la subordination légale si multipliés et si révoltants, la servitude légale est d'ailleurs de sa nature si profondément antipathique à la soumission volontaire que nous ne connaissons pas de plus grand obstacle au progrès de l'humanité. Les lois qui permettent à l'homme du monde de gaspiller avec d'autres femmes les revenus et quelquefois le capital des biens apportés par son épouse, au prolétaire de saisir le salaire gagné par sa compagne pour le dépenser au cabaret, sans nul souci des enfants qu'il affame et qu'il brutalise, ne diffèrent ni dans leur principe ni dans leurs effets de la coutume des sauvages qui imposent tout travail pénible au sexe le plus faible en raison de sa faiblesse même. Quant aux mœurs, tout a été dit et redit sur la naïve hypocrisie qui punit comme un crime l'adultère de la femme et laisse aller ou ne condamne que pour rire l'heureux amant par le soin duquel des enfants étrangers sont imposés à la famille. Nous laissons ce point, avec beaucoup d'autres, pour arriver enfin aux droits des enfants, dont nous avons déjà posé le principe en ramenant la puissance paternelle aux proportions d'une simple tutelle exercée en leur faveur.

III

C'est bien ainsi qu'il faut l'entendre si les enfants sont des personnes, et non pas la chose de leurs parents. Il en résulte pour ces derniers l'obligation de nourrir leurs enfants, de les élever pour être des hommes, de leur donner, si possible, les instruments d'un travail qui les fasse vivre dans la liberté. En raison de cette obligation qui leur incombe, et dans la mesure de cette obligation pour le temps où elle subsiste, ils peuvent et doivent exiger de leurs enfants l'obéissance, mais il n'en résulte pas un droit naturel d'imposer à ceux-ci leurs opinions. Ce droit, l'Etat ne le possède pas davantage ; aussi la question de l'*enseignement obligatoire*, celle des *écoles confessionnelles* et tout ce qui s'y rattache ne sont pas proprement des questions juridiques, mais plutôt de convenance et d'utilité. Seulement il faut comprendre que la nourriture du corps et celle de l'esprit sont inséparables. L'Etat a qualité pour s'assurer que les enfants reçoivent l'instruction indispensable à l'exercice d'un métier utile et à l'accomplissement de leurs devoirs de citoyens ; il peut les soustraire à l'autorité paternelle si cette condition n'est pas remplie, mais il ne saurait, en bonne justice, leur inculquer des sentiments contraires aux vœux de leurs familles, aussi longtemps qu'il laisse à celles-ci la charge de leur entretien.

Quelles que soient les convenances morales et les rapports d'affection, les parents n'ont véritablement aucun droit à utiliser leurs enfants pour leur compte personnel ; cependant ils peuvent les astreindre au travail pour deux raisons qui se concilient parfaitement : 1° Ils peuvent exiger d'eux qu'ils gagnent tout ou partie de leur propre entretien du moment qu'ils en sont capables, tandis que les parents auraient de la peine à les faire vivre sans ce concours ; 2° Ils doivent exiger d'eux le travail nécessaire à leur éducation générale et professionnelle. Souvent un travail directement utile et stimulé par des résultats immédiats, dans l'industrie ou dans le ménage, est précisément celui qui produit les meilleurs résultats éducatifs. Lorsque les deux buts s'opposent, c'est le travail éducatif qui doit être préféré, sauf le cas de nécessité absolue, lequel autorise et réclame l'intervention de l'Etat.

Si les parents n'ont droit aux services de leurs enfants que dans la mesure d'une juste réciprocité, à plus forte raison ne sauraient-ils disposer de leur personne en leur imposant, non plus qu'en leur interdisant tel mariage ou le mariage en général, et bien moins encore en les consacrant à la volupté. Tirer lucre du corps d'autrui est un crime justement puni par nos codes, bien que mis à l'abri des lois et favorisé par des règlements qui, sous prétexte de santé publique, ont pour objet d'assurer l'approvisionnement régulier d'une marchandise réputée indispensable. L'autorité paternelle, les facilités de la vie en commun dès le premier âge rendent ce crime encore plus odieux chez les parents et constitue une circonstance très aggravante. Nous n'en dirons pas davantage ; il est temps de nous arrêter, bien que nous n'ayons assurément rien épuisé.

IV

La considération qui domine absolument cette matière des droits de l'épouse et de l'enfant, c'est que l'autorité ne s'exerce point dans la famille au profit de ceux qui commandent, mais au profit de ceux qui obéissent, que dès lors cette autorité n'est point un droit inhérent à la personne de l'époux ni des parents, mais une charge, une fonction déléguée, dont l'Etat a le droit de contrôler l'exercice, pour l'ôter aux indignes et aux incapables et punir ceux qui en auraient abusé. Tutelle naturelle, mais tutelle : il n'y a pas de tutelle sans borne légale, sans reddition de comptes et sans responsabilité. Nous attirons l'attention sur ce point de vue, qui nous paraît juste, bien que nous ne puissions pas nous dissimuler ce qu'il a de choquant pour nos instincts naturels et pour nos préjugés héréditaires, non plus que les graves dangers des conséquences qu'il semble entraîner. Ces conséquences se résument dans un droit de contrôle illimité des pouvoirs publics sur l'accomplissement des devoirs de famille. Nous ne saurions contester ce droit en principe, mais nous sentons et nous comprenons qu'il ne doit être exercé, reconnu même, qu'avec la plus grande réserve, lorsque nous mettons l'indifférence, l'incapacité présumables des pouvoirs publics, c'est-à-dire ici des autorités locales, en regard du zèle, du dévouement, de la connaissance des situations et des caractères qu'on doit s'attendre à trouver chez les parents, mais que malheureusement on est loin d'y rencontrer toujours.

Quoiqu'en principe le pouvoir du chef de famille ne soit donc point un pouvoir discrétionnaire, il convient de laisser beaucoup à sa discrétion ; et lorsque l'autorité politique s'efforce d'étendre sa compétence dans tous les domaines et de s'ingérer dans tous les rapports, on sent vivement la nécessité qu'une limite légale soit imposée à son action, et l'on comprend qu'on soit tenté de présenter comme usurpation son immixtion dans la famille.

V

Ainsi que nous l'avons déjà dit, l'opinion générale et la loi positive se laissent plus aisément ramener à la vérité sur le droit des enfants que sur le droit de la femme, parce que sur le premier les législateurs ne cherchent réellement que la vérité; tandis que vis-à-vis du sexe féminin l'autre sexe forme un parti régnant, dont chaque membre a sa part de l'empire, part qu'il ne veut point abandonner ni laisser amoindrir.

Ces droits du sexe et de l'âge, considérés séparément jusqu'ici, se mêlent, sans toutefois se confondre, dans la question des enfants naturels, que nous toucherons, en finissant, de la façon la plus sommaire. En procurant, par un acte volontaire, la naissance d'une créature humaine, le père contracte envers le nouveau-né des obligations dont aucune loi ne saurait l'exempter. Les dispositions légales qui interdisent la recherche en paternité peuvent rendre les jeunes filles plus prudentes et plus réservées, en réalité, elles les exposent sans défense à la séduction, et généralement elles ont pour effet d'augmenter dans une proportion sensible le nombre des naissances hors mariage. L'injustice qu'elles consacrent en laissant à la charge d'un seul, savoir du plus faible et du plus dépourvu, toute la responsabilité morale et matérielle d'un acte commun à deux n'est point excusée par les difficultés de la preuve et par les raisons de procédure qu'on invoque en sa faveur. Tout ce qu'on pourrait conclure de ces considérations, c'est que la recherche du père étant bornée aux moyens légitimes n'aboutirait pas fréquemment, ce qui ne suffit point à la faire abandonner. Le droit de l'enfant est d'être élevé, d'être établi par les agents responsables de sa naissance, dans les limites de leurs facultés. S'il y a plusieurs pères possibles, chacun d'eux est naturellement obligé de contribuer pour sa part et solidairement à l'éducation du nouveau-né lorsque le père effectif reste inconnu : tels sont les principes fort simples que la législation devrait consacrer. La société qui les méconnait ne pèche pas seulement contre la justice et contre l'humanité, mais aussi contre la prudence, en établissant dans ses propres flancs une armée toujours grandissante qui ne lui doit que la haine et le mépris.

Les rapports entre ces matières et l'odieuse police des mœurs n'ont pas besoin d'être indiqués. On sait, en effet, que la réglementation s'autorise du grand nombre des courtisanes. Il est également clair que la fille abandonnée et déshonorée est la propre matière dont s'alimente la prostitution.... et que l'enfant suivra la mère.

Résumons-nous : le droit de famille, la paternité illégitime, la prostitution sont traités dans le même esprit par les législateurs de l'Europe occidentale. En rapprochant les dispositifs qu'ils ont consacrés dans ces trois domaines, on constate avec l'évidence la plus accablante qu'ils ont constamment considéré le sexe de leur mère comme une chose qui existe en vue de leur profit et de leur plaisir. Conception plus vieille que l'histoire, dont les deux sexes ont naturellement gardé l'empreinte, l'un en creux, l'autre en relief, héritage de mensonge et de cruauté naïve qui nous opprime et nous dégrade tous à des degrés divers, et d'autant plus que nous savons moins nous en rendre compte. Il ne suffit pas de s'attaquer aux manifestations les plus criantes ; c'est le système tout entier qu'il faut regarder en face, qu'il faut miner dans la conscience publique, et qu'au moment propice il faudra renverser.

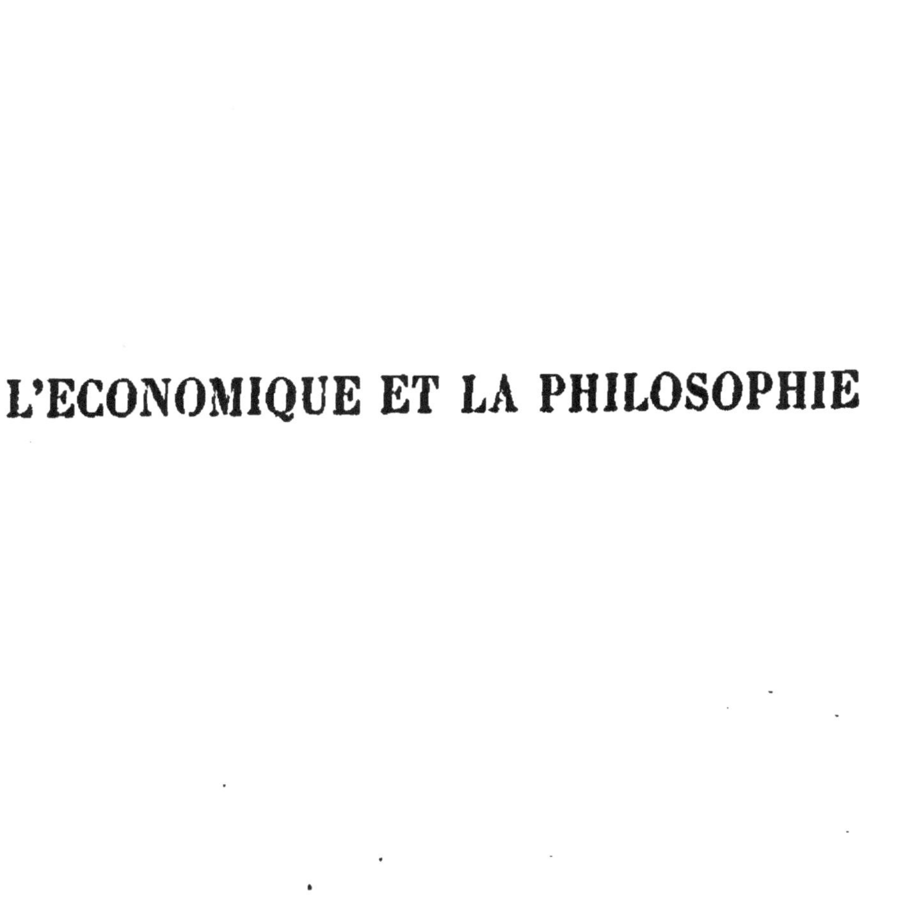

L'ECONOMIQUE ET LA PHILOSOPHIE

L'ECONOMIQUE
ET
LA PHILOSOPHIE[1]

L'homme est une intelligence servie par des organes et gouvernée par des appétits. La pratique a précédé la théorie ; la science naît du besoin, les problèmes qu'agite la spéculation ont été posés par la vie. Il faut s'en convaincre pour comprendre le mal qu'éprouvent les sciences à se constituer, à découvrir leurs limites, à se définir, à se nommer. Des mots suggérés par les besoins du passé et consacrés par l'usage vulgaire ne font pas loi pour l'esprit ; on ne saurait réduire la géométrie à l'arpentage en se fondant sur la transparente étymologie des syllabes qui la désignent. La

[1] *Revue philosophique*, numéro du 1er janvier 1890, article sur les *Principes de l'économie politique* de M. Charles Gide.

science économique cherche encore son nom; celui d'économie politique dont on persiste à l'affubler a de plus graves défauts que sa longueur encombrante: il dit autre chose que ce qu'il faut dire, les deux vocables qui le composent circonscrivent un problème particulier dont la solution ne saurait se trouver qu'au moyen d'une science plus générale, et cette science plus générale, qui demande à se constituer, est gauchie, déviée, détournée de son objet légitime par le nom accidentel qu'elle subit.

A cette confusion du problème général de l'*économie* et du problème particulier de l'*économie des nations*, joignez la confusion de l'abstrait avec le concret, la confusion de la science avec l'art, et vous aurez une idée de l'état actuel des choses, vous commencerez à soupçonner ce qu'il faudrait de patience et d'habileté pour se dégager du fouillis des systèmes et pour constituer enfin la discipline dont l'organisme de la philosophie a besoin.

I

La théorie précéderait la pratique si l'homme était une pure intelligence et s'il ne fallait pas dîner; mais comme pour philosopher il faut dîner, au moins quelquefois, on commence par la pratique bonne ou mauvaise. La science de la richesse naît du besoin de fournir une base et une méthode à l'art de s'enrichir, lequel procède lui-même d'un effort spontané pour se prémunir contre les nécessités du lendemain.

L'art de s'enrichir comprend les lois du travail: l'art de produire les biens, et les règles de l'épargne: l'art de conserver et d'accroître les biens en les utilisant pour la production. Mais l'art de travailler se spécialise dans la diversité des industries; on conçoit mal l'utilité d'une technique pure, embrassant les seules généralités communes à tous les métiers; et s'il était possible d'édifier cette discipline, les fondements en seraient fournis par la logique, par la physique et par la morale. Reste l'administration des biens, avec sa théorie, la science économique, l'*économie*, sans qualification restrictive; ou mieux (pour ne pas envelopper sous le même signe un produit important du travail de la pensée et une façon d'agir résultant de l'habitude acquise et du caractère individuel), l'ECONOMIQUE. La naturalisation de ce terme ne saurait rencontrer d'obstacle, puisqu'il est absolument conforme à l'analogie des noms les plus familiers, la physique, la rhétorique, aussi bien que des appellations plus modernes, l'éthique, la mathématique, la cinétique, et tant d'autres adjectifs récemment substantifiés, suivant la pratique à laquelle tous les substantifs doivent l'existence.

Ainsi l'*Economique* (c'est le nom exact) étudierait les lois de la production et de la consommation, sur lesquelles repose l'art de satisfaire à nos besoins d'une manière aussi complète que le comportent les ressources de la nature. L'Economique est la *science de l'intérêt*, au sens matériel du mot intérêt, c'est la science dont il importe de connaître les théorèmes afin d'y conformer sa conduite lorsqu'on se propose de s'enrichir. Elle nous apprend également à nous procurer la plus grande somme de satisfactions possibles en consommant une quantité de biens donnée; mais elle ne nous enseigne point en quoi doivent consister ces satisfactions, ni quelle hiérarchie il convient d'établir entre les satisfactions admises, elle ne nous dit point quelles il faut poursuivre et quelles il faut s'interdire; c'est affaire au bon goût, à l'hygiène, au droit et à la morale.

En se plaçant au point de vue économique, tout ce qui répond à un désir quelconque sera donc *utile*, et constituera dans ce sens un *bien*. Cependant tous les biens ne sont pas des biens économiques, ils ne revêtent ce caractère que lorsqu'ils prennent une valeur appréciable, lorsqu'ils exigent quelques soins pour les produire, les conserver, les acquérir ou les administrer, c'est-à-dire lorsqu'il n'en existe à notre disposition qu'une quantité limitée. *Utilité et rareté*, tels sont les attributs constitutifs du bien économique ou de la richesse, et nous saluerons la richesse partout où nous discernerons ces attributs. Traiter chaque objet et chaque fonction suivant sa valeur, c'est-à-dire suivant l'utilité dont ils sont pour nous comparativement à l'utilité d'autres services et d'autres objets, voilà tout le secret de l'Economique.

Ainsi comprise, cette recherche trouve aisément sa place dans le cadre de la philosophie:

classe des sciences anthropologiques, genre des sciences morales, dont la vie pratique et la direction de la volonté forment l'objet, parallèlement aux sciences qui ont pour matière les lois de la pensée et pour objet la connaissance, ainsi qu'aux disciplines esthétiques, vouées à l'étude de ces sentiments contemplatifs qu'on pourrait appeler désintéressés (par opposition à ceux de l'ordre économique), afin de les exciter et de les satisfaire par le travail mental et musculaire au service de l'imagination créatrice, et par la contemplation des produits d'un tel travail.

La formule de ces éléments que nous ruminons laissera toujours à critiquer et à reprendre, vu la difficulté d'être complet, même lorsqu'on ne craint pas d'être assommant. Au fond, la pensée est l'objet comme elle est l'outil de toute la science ; mais dans la logique, la pensée travaille à se rendre compte des lois relatives à son but spécial, c'est-à-dire à la réalisation de la pensée comme telle par la connaissance ; dans l'esthétique, la pensée cherche les lois qui la dirigent lorsque, sous l'inspiration du sentiment, elle travaille à la satisfaction de ce sentiment lui-même; dans l'éthique, à laquelle nous regrettons de ne pas pouvoir donner le nom plus directement significatif de *pratique* [1], la pensée énonce les lois qu'elle doit suggérer à la volonté de s'imposer à elle-même pour la conduite de la vie, c'est-à-dire dans ses relations avec les autres volontés.

Sans toucher au problème des subdivisions possibles de la logique et de l'esthétique, constatons maintenant la façon naturelle dont s'articule la science pratique suivant les buts principaux poursuivis par la volonté dans ses différentes sphères d'action : l'*avantage personnel* dans la société industrielle, où chacun s'efforce de donner par le travail une assiette à son existence ; l'intérêt collectif, l'*unité morale* par l'accord spontané des volontés dans une société de libre amour ; enfin la justice, ou la *liberté extérieure* dans cette société de contrainte, condition négative, mais indispensable de la réalisation des deux premières à laquelle est affecté le nom d'Etat, — trois domaines où devra régner la pensée sous la forme de trois sciences, l'Economique, la Morale et le Droit.

[1] On le risquerait, s'il n'était affecté d'une ambiguïté semblable à celle qui nous détourne de nommer *Economie* la doctrine que nous cherchons à placer.

II

L'Economique est donc une branche de la philosophie au même titre que le droit naturel, au même titre que la morale. C'est un premier résultat de la classification que nous avons partiellement ébauchée. Du reste, si les exemples de Condillac, d'Adam Smith, de Stuart Mill, de Stanley Jevons, de Cournot et de Sidgwick n'établissaient pas suffisamment l'affinité des études logiques et psychologiques avec la science de l'économie, nous invoquerions l'autorité d'Aristote, et tout serait dit.

Second point: l'Economique, se coordonnant au droit naturel et à la morale, s'en distingue fort nettement par la nature de son problème. Nous ne dirons pas, en effet, avec M. Charles Gide, que « le domaine de l'économie politique embrasse tout ce qui concerne la richesse dans l'acception la plus générale de ce mot[1] ». Sans demander comment cette ampleur d'acception du mot richesse se concilie avec l'exclusion des richesses immatérielles prononcée

[1] *Principes d'économie politique*, p. 2, de la seconde édition.

un peu plus bas[1], détail important sur lequel il faudra revenir, nous voyons mal ce que gagnerait le système des sciences à ce que l'Economique absorbât la moitié de la morale avec les trois quarts du droit civil et du droit pénal. Trois questions s'imposent à l'esprit nous dit l'excellent auteur :

« I. Par quels moyens se produit la richesse? » — Nous répondrons : par la force musculaire obéissant à l'intelligence et s'aidant de l'arc, du pic, de la charrue, de la voile, de la poulie et du levier, de la vapeur, de l'électricité, du chien, du cheval, du chameau, du bœuf, de l'éléphant, en un mot de toutes les forces de la nature animée ou inanimée, affaire de technique, non d'économique.

« II. Quel est l'emploi qu'on doit faire de la richesse? » — Posée en ces termes, la question relève de la morale ; ce qui appartient à l'Economique, c'est de nous dire quel emploi de la richesse créée servira le mieux à nous enrichir davantage.

« III. De quelle façon doit-on partager la richesse? » — Avant tout, c'est une question de droit, la question économique serait plutôt :

[1] *Ibid.*, p. 43. Nous croyons que l'auteur est revenu de cette exclusion dans les dernières éditions de son manuel.

quelle distribution de la richesse en favorise le mieux la conservation et l'accroissement?

D'une manière générale, en définissant les sciences par leur matière, on se prive des moyens d'observer entre elles des distinctions dont le maintien est d'une souveraine importance, et qui deviennent parfaitement claires lorsqu'on emprunte leur définition à la considération de leur origine et de leur fin. Confondre l'Economique, le droit et la morale parce que toutes trois s'occupent de la richesse et que toutes trois ont leur mot à dire sur le règlement des mêmes questions[1] nous paraîtrait un expédient désastreux. Il aurait entre autres pour conséquence de faire envisager tous les devoirs moraux comme exigibles par voie juridique, c'est-à-dire la suppression de toute liberté civile. Il produirait surtout le gâchis; tandis que rien ne s'oppose à ce que le même objet soit envisagé successivement au point de vue économique, au point de vue juridique et au point de vue moral avant de prendre une résolution et de formuler une conclusion pratique.

Ces distinctions si naturelles, si légitimes, et nous ajouterons si bien consacrées, nous per-

[1] *Principes*, etc., p. 6

mettront de repousser ou du moins d'atténuer sensiblement une critique spécieuse dont on frappe assez souvent les économistes de l'ancienne école. On leur reproche de forger un homme abstrait dont toute la conduite est dictée par la considération du profit, en méconnaissant la diversité des mobiles qui font agir l'homme réel. Les économistes ne méritent pas cette censure lorsqu'ils restent dans leur département, sans trancher ni de l'historien ni du prophète. Ils s'abusent lorsqu'ils se flattent d'expliquer par le jeu d'un mobile unique la marche effective de la société, tout comme lorsqu'ils prétendent régler l'ordre et la marche de la société par la considération de ce seul mobile, bien que pourtant cette considération leur permette de jeter un grand jour sur l'histoire et de signaler au législateur bien des abus. En leur qualité d'économistes, ils n'ont réellement à s'occuper que de l'intérêt ; leur office est précisément de constater quels effets telle façon d'agir aura sur la richesse, et de quelle manière il faut se conduire pour s'enrichir ou pour se ruiner. C'est du reste ce qu'a fort bien compris l'auteur des *Principes*, et tout en déclarant impossible et fâcheux le départ de l'Economique, du droit et de la morale, il les distingue parfaitement. Nous suivrons son exemple de préférence à ses conseils ; lors même que la production et l'emploi des biens intéressent la morale et le droit, nous séparerons nettement ces doctrines de l'Economique, en raison de la différence des problèmes dont il appartient à chacune d'elles de procurer la solution, et nous les coordonnerons sous la catégorie plus générale de l'*Éthique*.

III

La considération des rapports entre l'Economique et les autres sciences morales se lie étroitement et nous conduit de la façon la plus naturelle aux problèmes que soulèvent la structure et la place de l'Economique elle-même. Celle-ci comprend une matière, des données de fait qu'il est nécessaire de posséder en quelque mesure, bien que nul n'arrive à les épuiser. Pour expliquer les phénomènes, il faut les connaître, et ces phénomènes ne se produisent pas, évidemment, sous la forme de vérités générales, mais de faits momentanés, locaux, individuels, qu'il faut rassembler pour servir de base aux généralisations. C'est affaire de statistique, d'histoire, d'érudition.

Ces faits résultent des besoins communs et permanents à la satisfaction desquels il est pourvu par l'emploi des ressources naturelles, qui varient selon les lieux. L'arbitraire ne joue dans cet emploi qu'un rôle secondaire. Les phénomènes économiques soutiennent entre eux des rapports nécessaires qui sont des lois de la nature[1], des lois scientifiques, dans ce sens que l'office de la science proprement dite consiste à les dégager et à les mettre en lumière. Généraliser, classer, distribuer les phénomènes, les désigner par des noms exempts d'équivoque (tâche difficile, vu l'impossibilité d'écarter les termes du langage courant en parlant des choses les plus familières), montrer comment ces phénomènes procèdent les uns des autres et s'enchaînent par des rapports de causalité simple ou réciproque : telle est, gros-

[1] C'est pour cela qu'on a rangé quelquefois l'Economique parmi les sciences de la nature, et naguère nous penchions à cet avis. Le libre arbitre peut tenir une certaine place dans les faits économiques, parce que l'homme agit sous l'influence de plusieurs mobiles ; il n'a rien de commun avec les *lois économiques*, qui expriment les modes d'action de la volonté sous l'influence d'un seul mobile, non plus qu'avec les effets des actes économiques, quels qu'ils soient.

sièrement ébauchée, la tâche de l'Economique pure, de la théorie, parfaitement distincte du savoir statistique qui lui fournit ses matériaux, puisqu'elle suppose la connaissance des faits dont elle observe les rapports, aussi bien qu'elle est distincte de la morale et du droit, parce qu'elle s'occupe non de liberté, mais de nécessité, non de ce qui doit être, mais de ce qui est.

Cependant, les lois naturelles et nécessaires qui président à l'enchaînement des phénomènes une fois déterminées, l'homme peut utiliser cette connaissance de leurs lois qui lui a permis d'utiliser les forces de la nature brute et de la nature vivante. Ici la morale et le droit entrent en contact avec l'Economique. Dans le champ du possible, le droit inscrit le cercle du permis. Aux besoins matériels, la morale associe et parfois oppose d'autres besoins, et c'est à elle qu'il appartient de marquer en dernier ressort et dans quelle mesure et dans quel ordre il est bon de pourvoir à chacun d'eux; mais une fois cet ordre arrêté sous l'empire de quelques considérations que ce soit, c'est affaire à l'art économique, à la politique économique, à l'Economique appliquée d'indiquer le procédé par lequel les besoins effectifs seront le moins incomplètement satisfaits avec les ressources naturelles dont on dispose.

Ainsi trois éléments de l'Economique: la matière, la forme et la fin; trois problèmes: le fait, la loi, l'emploi; trois études: la description des phénomènes économiques, statistique du présent et du passé, la théorie, qui permet d'assigner les causes et de prévoir les effets, l'art, qui indique les moyens d'utiliser cette connaissance pour atteindre, dans les limites de la justice, les buts proposés par la nature et par la raison.

IV

Rien de plus net, rien de plus simple que ces distinctions. Néanmoins elles sont fréquemment méconnues: on ne se borne pas à mêler les trois problèmes dans la même exposition, ce qui n'est pas toujours un mal; une école nouvelle, sûre d'elle-même et fort accréditée, s'applique à les confondre systématiquement; ceux qui se sont assis sur un rameau de l'arbre s'ingénient à casser le rameau voisin, quand ils ne s'attaquent pas à la branche même qui les supporte. Une partie s'applique à démontrer qu'elle est tout et que les autres n'existent pas. On ne veut connaître que l'histoire, et l'on prodigue le mépris aux travaux qui ont permis de comprendre quelque chose à cette histoire ; le sentiment prétend balancer les comptes et l'on accuse les quatre règles d'immoralité. La division en économie théorique et pratique est formellement condamnée dans la dernière édition du manuel collectif d'*Économie politique* publié par l'école *historico-éthique* florissante en Allemagne, sous la direction du professeur Schœnberg, de Tubingue.

Toujours laborieux, toujours consciencieux dans leurs recherches, souvent malheureux dans leurs inventions, les savants de cette famille ont tenté d'appliquer à l'Economique la méthode historique introduite par Savigny dans la jurisprudence, et d'en faire une philosophie de l'histoire économique, une histoire comparée de l'économie. Heureusement que dans la pratique ils ne songent pas toujours à leur programme.

Il faut ranger sans doute au nombre des chefs de l'école nouvelle M. Lujo Brentano, dont le livre sur les *Questions ouvrières* paraît avoir figuré dans la première édition du manuel et ne se retrouve plus dans la seconde, dont nous ne connaissons que des fragments. Le volume cité nous montre un auteur qui fait de l'économie politique, au vieux sens anglais et français du mot, beaucoup mieux que le grand nombre des économistes, s'aidant de l'histoire pour comprendre les phénomènes, mais étudiant le présent plus attentivement encore que le passé, et surtout analysant avec le soin le plus louable les effets prochains et les effets éloignés de chaque institution et de chaque disposition législative. Ce qui le sort de la foule, c'est, à ce qu'il nous semble, l'alliance d'une parfaite liberté d'esprit avec une conception morale très élevée du but de la civilisation, qui lui fournit la mesure de toutes choses.

Quel que soit le mérite de telles solutions et de tels travaux, qui n'auraient pas été possibles sans le concours des théories que les auteurs de ces travaux répudient, l'Economique, étudiant les lois d'un certain ordre de phénomènes pour en tirer des conclusions pratiques, ne peut ni se fonder exclusivement sur l'histoire, ni se borner à la méthode inductive ainsi que le voudrait l'école allemande ; il lui sied, il lui sert d'employer concurremment la déductive, qui part d'axiomes évidents et de définitions convenues. La considération des faits concrets, dans leur enchainement effectif, lui fournira des lois empiriques et lui donnera la clef de l'histoire économique des nations; mais ces faits concrets sont l'ouvrage d'hommes concrets, ils se sont produits sous l'influence de mobiles compliqués et variables, et non sous l'influence exclusive et continue du mobile économique : le souci du lendemain, la préoccupation simple de s'enrichir. La connaissance de ces divers mobiles sera fort utile à l'économiste; mais s'il nourrit le dessein d'édifier une théorie propre à servir de base à la pratique, s'il poursuit la science avec l'intention d'en tirer un art dont l'utilité légitime l'emploi qu'il fait de son temps et de son travail, il faut qu'il sache faire abstraction de ces mobiles accessoires, hétérogènes. Assurément la richesse n'est le but vrai, le but final ni du particulier ni de l'Etat, et l'art de s'enrichir, l'Economique appliquée ne saurait être l'unique flambeau du législateur et ne prononce pas le dernier mot de la politique; mais il est indispensable au législateur de le posséder afin de savoir où il va. Pour acquérir cet art, il le faut dégager ; il faut donc isoler le mobile économique des mobiles meilleurs ou pires, il n'importe, mais différents, lesquels varient suivant la diversité des relations et des caractères. Il faut, par une abstraction consciente et réfléchie, se demander quelle serait la conduite raisonnable d'un homme seul, puis d'un groupe, et finalement de l'humanité, s'ils agissaient sans entraves, dans la plus entière indépendance, avec l'intention simple et fixe de pourvoir aussi complètement que possible à la totalité de leurs besoins. Il n'y a pas d'autres moyens d'arriver à l'Economique *exacte* ou normale, et si nous en avions jamais douté, les programmes de l'école historique nous auraient ramené dans le droit chemin. Le tort des pères de la science, tort dont leur nationalité fournirait peut-être l'explication, c'est d'avoir parfois semblé confondre cette abstraction avec la réalité : c'est ainsi que, dans quelque mesure, ils auraient mérité le reproche de fabriquer un homme imaginaire. L'homme *économique* est un idéal, presque autant que l'*homme social* dont parle de nos jours un prédicateur populaire[1]. Ce n'est pas l'homme

[1] M. Fallot.

moyen, l'homme type, c'est moins encore un modèle à suivre, c'est une fiction abstraite, mais une fiction dont la science ne peut guère mieux éviter l'emploi qu'elle ne saurait, dans un autre domaine, se passer des figures géométriques.

Ainsi l'Economique, naissant du besoin, plonge ses racines dans l'expérience, dont l'histoire du passé ne forme qu'une partie, puis s'élève par l'abstraction à la science, pour aboutir à l'art, qui donne une règle à la vie. Histoire, science, art, dans les royaumes de l'intelligence nous n'apercevons rien au delà. Ces divisions paraissent bien tranchées, mais l'école historique allemande s'évertue à les confondre, afin de les supprimer. M. Schmoller, professeur d'économie politique à Berlin, auteur d'ouvrages très estimés, éditeur d'un annuaire de législation, d'administration et d'économie politique ne veut point que la politique économique (*Volkswirtschafts-Politik*) et la science des finances donnent des instructions pratiques; il voit dans les travaux de ses confrères, MM. Roscher, Stein et Wagner, des efforts heureux pour élever ces deux disciplines au rang des sciences *théoriques*, et il estime que « *l'économie politique pratique peut abandonner utile-*

ment la forme de l'art en exposant en détail le développement de l'Economique *allemande*, éventuellement aussi l'Economique franco-anglaise des derniers siècles, en marquant les rapports des causes et des effets dans la politique agraire, industrielle et commerciale. *Elle se bornerait au rôle descriptif*, ce qui la rendrait au moins aussi utile aux futurs agents de l'État que si elle voulait se réduire à la théorie d'un art. »

Ainsi la *pratique* devient *science* en renonçant au rôle d'un art pour se borner à l'*histoire!* Il est malaisé d'imaginer une confusion plus savante. L'Economique *pratique s'élève* au rang de science *théorique* en s'en tenant à la *description*! Assurément lorsqu'on aura compris ce langage on ne fera plus un reproche à personne d'avoir brouillé les méthodes de l'économie théorique et de la pratique! Mais ce bouleversement n'est pas sans dessein: on absorbe la science dans l'érudition historique, on supprime l'art, qui déduisait de la science des règles qu'il cherchait à faire adopter: pourquoi tout cela? n'était-ce point pour laisser place libre à l'arbitraire? M. Haeckel, de Jéna, mesure la capacité mentale des peuples au degré d'empressement avec lequel ils épousent la doctrine de l'évolution universelle; M. Cohn, de Goettingue, un des plus considérables représentants de l'école historico-morale, nous a paru jauger quelquefois le cerveau de ses confrères d'après le plus ou moins d'enthousiasme que leur inspire le système d'assurances et de ligatures économiques introduit par le prince de Bismarck.

Dans l'introduction du volumineux manuel publié sous sa direction, M. le professeur Schoenberg caractérise l'évolution de la pensée économique allemande en disant « qu'elle a rompu avec l'absolutisme et le *cosmopolitisme* de la théorie abstraite, atomistique, matérialiste et individualiste qui régnait précédemment, pour devenir une science *exacte*, réaliste, historique et morale ». Il nous est absolument impossible de concevoir quel sens l'éminent auteur attache ici à l'expression science exacte, et pour entendre comment il peut reprocher son matérialisme à l'économique d'Adam Smith, nous avons besoin de nous rappeler que la transformation de cette science ne porte pas uniquement sur sa méthode, mais s'étend jusqu'aux problèmes dont elle poursuit la solution. La fin de l'Economique ne serait plus la richesse, mais la prospérité nationale en général, et par dessus tout sa prospérité morale, programme excellent, admirable, mais dont la réalisation exige le concours d'activités obéissant chacune à sa loi propre et qu'on ne saurait étudier simultanément sans tout jeter dans la confusion. Cette conception de l'Economique est d'ailleurs contraire à l'usage de toutes les langues, y compris celle de l'auteur, ainsi qu'il l'avoue implicitement lorsqu'il définit l'activité économique « une activité matériellement profitable », si bien qu'il assigne pour fonction à la *science économique* de veiller à ce que l'*activité économique* n'en fasse pas trop. Je note aussi que l'école se fait un mérite d'en avoir fini avec le cosmopolitisme dans la science, laissant à chacun le soin d'estimer suivant son instinct et de mesurer avec son compas la portée véritable d'un tel progrès.

Quant à la tendance de l'Economique historico-morale, elle ne se borne pas à repousser la thèse *a priori* que dans un milieu où toutes les richesses sont appropriées, et quelle que puisse en être la collocation, le maximum de bien-être résultera du libre jeu des activités privées ; elle ne se borne pas à dire qu'il y a des distinctions à faire, et que la juste mesure de liberté économique varie suivant les circonstances; elle pose en principe que la contrainte est la règle et la liberté, l'exception. « En tout cas, dit M. Schoenberg, la liberté ne doit être accordée que dans la mesure *où il est prouvé* qu'elle sert l'intérêt collectif. L'individu ne trouve pas dans son intérêt un droit naturel, personnel et primitif à la liberté d'acquérir, mais à titre de membre de la société morale et en raison du but moral collectif, *on peut* lui accorder et on lui accorde un droit dont ce but est la mesure. Un titre à la liberté d'acquérir[1] n'existe en sa faveur qu'autant que cette liberté garantit la prospérité du ménage national, savoir la réalisation de son but moral. Lorsqu'il s'agit de savoir si la liberté doit être accordée ou refusée, *c'est donc un faux principe de partir du droit naturel de l'homme à la liberté ; il ne faut pas considérer la pleine liberté individuelle comme la condition juridique naturelle, idéale, et demander à chaque restriction la preuve qu'elle est nécessaire*, principe qui est celui du libéralisme depuis le siècle dernier; le vrai point de départ est bien plutôt le bien collectif, la communauté morale, dont l'individu forme un

[1] Et par conséquent d'exister.

membre, avec les buts moraux de cette communauté; et comme la condition rationnelle ne peut être qu'un état de contrainte[1], *il faut avant tout élargissement des restrictions antérieures fournir la preuve que cette extension de la liberté individuelle répond mieux que la restriction précédente à l'intérêt commun et privé.* »

On ferait tort, nous l'espérons, à la nouvelle école, et peut-être même au Dr Schoenberg, en les jugeant sur ce passage isolé, mais nous devions le citer, parce qu'il caractérise et résume bien la philosophie dont ils s'inspirent: l'Etat antérieur et supérieur à l'individu, et dont l'individu tire tout son droit à l'existence, — l'Etat, qui ne représente jamais sans doute la domination d'une classe par une autre, au profit de celle-ci! — l'Etat, dont les mesures ne se ramènent point aux délibérations d'êtres intéressés, passionnés et faillibles comme leurs administrés! Ailleurs l'Etat est appelé « l'institution morale la plus grandiose pour l'éducation du genre humain », désignation qui implique absolument la croyance illogique à la possibilité de réaliser un idéal moral par les

[1] Ou d'obéissance; le texte porte *Gebundenheit*, l'état d'un être lié.

procédés de contrainte, l'ignorance ou la répudiation de la moralité spontanée et de l'union par le concours spontané des volontés. Enfin, contradiction suprême, on invoque l'*impératif catégorique* au moment où l'on achève de substituer la consigne à la conscience.

Si nous nous sommes arrêté sur l'école historico-morale plus longtemps peut-être qu'il ne convenait à la juste proportion de notre travail, c'est que la confusion des problèmes, des méthodes et des disciplines dont cette école a le courage de se glorifier comme d'un progrès, nous a paru renfermer un danger pour les économistes français qui refusent leur ministère à la plutocratie et ne veulent point servir l'oppression sous l'enseigne de la liberté. Les sentiments d'équité et d'humanité dont s'inspirent les socialistes de la chaire exercent sur eux une attraction bien naturelle; mais pour s'employer aux buts suggérés par de tels sentiments, il n'est pas besoin de brouiller ensemble l'Economique, l'histoire, la morale et le droit; il suffit d'obéir aux enseignements de chaque science dans les choses de son ressort, et, pour la solution pratique à donner aux questions concrètes, de déterminer, avec la hiérarchie de ces disciplines, l'ordre et la mesure dans lesquels les conclusions respectives de chacune peuvent être accordées et leurs prétentions satisfaites. On voit que les points qui divisent les écoles d'économistes sont essentiellement des questions de philosophie.

V

S'il plait à l'école allemande d'abandonner la discussion des principes, de renoncer à l'abstraction comme instrument de recherche et d'envisager constamment l'ensemble des questions sociales dans leur totalité, en utilisant pour cette étude, sans souci de les perfectionner, les catégories élaborées par les fondateurs d'une science qu'elle dédaigne, nous y donnons volontiers les mains; mais elle ne peut pas empêcher que le problème de la richesse ne subsiste comme tel, et que l'examen de ce problème ne constitue naturellement une recherche dont la place reste marquée dans le système de la science en général. On peut bien changer le programme d'une chaire académique, mais changer l'objet d'une science n'est pas un propos sérieux.

La vieille école avait bien compris que la théorie de la richesse ne saurait trouver sa conclusion pratique ailleurs que dans l'art de s'enrichir, dont le besoin l'a suscitée. Ce n'est pas sur ce point qu'elle a besoin de se corriger, ses défauts sont ailleurs. Le nom d'*économie politique* adopté par elle semble lui donner pour but pratique l'enrichissement collectif de la nation; puis, sous l'influence d'un nom trop particulier, l'idée s'altère et le problème de la distribution des richesses reçoit chez elle la forme suivante : « quelle répartition des biens entre les individus déterminera le plus grand accroissement d'une masse composée idéalement par la réunion de ces biens? » Un tel accroissement de la richesse collective étant le but pratique de la science telle que les économistes la conçoivent, dans ce sens qu'il résulterait d'un ensemble d'efforts dirigés suivant les règles de cette science, la confusion de l'abstrait et du concret leur fait penser que l'Economique ainsi comprise a mission d'inspirer la loi, et que le mode de distribution des biens propre à en grossir le plus promptement la masse totale doit être effectivement adopté; tandis que s'ils avaient conçu le problème économique dans sa généralité, ils n'auraient eu garde d'oublier que les richesses ne sont que des moyens, et que la répartition préférable, au point de vue simplement économique, toutes réserves faites en faveur de la morale et du droit, sera celle qui procurera la plus grande somme de jouissances au plus grand nombre d'individus.

Ainsi l'objet de l'Economique ne saurait être restreint à la richesse *des nations* qu'en la privant des moyens d'aborder d'une manière vraiment utile et raisonnable les problèmes de la distribution. Cet objet n'est pas non plus la richesse en général : on ne peut pas rester conséquent à cette idée sans faire embrasser par l'Economique la totalité des arts industriels, ce qui n'est l'avis de personne, aussi bien que la jurisprudence et la morale, qu'on n'y saurait englober sans les plus graves inconvénients. L'objet de l'Economique n'est pas un ensemble de choses, mais une direction de l'activité humaine ; l'Economique est la science de la gestion des biens, la théorie du trafic et des affaires, laquelle repose tout entière sur l'appréciation des valeurs et sur la conception de la valeur.

La valeur d'une marchandise est égale à ses frais de production, disait Ricardo, dont économistes et socialistes ont longtemps à l'envi répété l'oracle. Et, en effet, si l'on ne pensait pas obtenir d'un produit au moins ce qu'il coûte à faire, on ne prendrait pas la peine de le fabriquer. Cependant, si la valeur d'une marchandise est ce qu'on en donne, l'expérience nous montre la règle posée sujette à trop d'exceptions pour ne pas la rendre suspecte. Cherchant à sortir d'un tel embarras, on a fini par se demander ce qui détermine le prix de revient lui-même. Au premier rang de ces causes du prix de revient, on a trouvé le salaire des ouvriers, qui s'élève ou s'abaisse suivant que la demande de travail est plus ou moins considérable, on a constaté que les entrepreneurs règlent leur demande de travail (et par conséquent de matières premières) sur le prix courant des produits ou sur le prix qu'ils se flattent d'en obtenir; de sorte qu'au rebours de l'ordre chronologique auquel, on s'était arrêté d'abord, c'est le prix des articles de consommation sur le marché qui détermine les sommes affectées à leur production, le taux des salaires et le prix des produits instrumentaux, qu'on nomme aussi dans un sens étroit les capitaux[1]. Quand l'article renchérit, la

[1] Les outils et les matières premières, appelés par les économis-

production s'en active, les ouvriers sont recherchés et leur salaire peut s'élever, soit par leur entente, soit par la concurrence des entrepreneurs. Quand le prix de l'article baisse, force est d'abaisser aussi le prix des façons. M. Gide soumet à une critique pénétrante la théorie qui mesure la valeur des objets au travail de leur production et rend sensible l'inanité de la définition de Bastiat, qui voit dans la valeur le rapport de deux services échangés. Sa propre théorie se résume aux termes suivants :

« Les choses ont plus ou moins de valeur » suivant que nous les désirons plus ou moins » vivement.

» Nous les désirons plus ou moins vivement » suivant qu'elles sont en quantité plus ou » moins insuffisante pour nos besoins.

» Elles sont en quantité plus ou moins in» suffisante suivant qu'il est en notre pouvoir » de les multiplier plus ou moins aisément. »

les autrichiens *biens d'ordre supérieur*, biens de second ordre lorsqu'ils servent directement à produire des objets consommables, de troisième lorsqu'ils produisent des biens du second, etc.. le bien *supérieur* étant toujours, naturellement, d'un prix *inférieur*, ce qui ne laisse pas de nuire un peu à l'élégance d'une terminologie d'ailleurs fort nette.

VI

Par la théorie de la valeur, l'Economique s'enracine dans la psychologie. La notion de la valeur sert de fondement à l'édifice dont le postulat d'égalité entre les derniers besoins satisfaits forme la clef de voûte, et le mépris dans lequel certains économistes allemands tiennent les recherches et les notions de cette nature permet de mesurer avec quelle fidélité le recul de la pensée scientifique répond au recul de la civilisation.

Mais l'illusion qui fait chercher la valeur des choses dans le coût de leur production n'est pas une simple erreur de théorie; elle fournit des prémisses aux deux écoles extrêmes pour établir logiquement des conclusions également fausses dans deux sens diamétralement opposés.

Aux collectivistes, pour lesquels *le Capital* de Marx est une Bible qu'ils adorent et ne songent point à discuter, cette fausse idée de la valeur permet d'affirmer que la production des biens avec le concours des capitaux privés n'est pas susceptible d'amendement, étant équitable à sa manière, puisque la valeur du travail fait par l'ouvrier est égale aux frais de production de la force qu'il a dépensée, c'est-à-dire à son entretien; de sorte que la prétendue *loi d'airain*, qui ravalerait incessamment les salaires au niveau strict des frais de subsistance, ne serait pas seulement l'expression d'une nécessité, mais l'ordre naturel des choses, et par conséquent une juste loi.

Dès lors, suivant la logique du collectivisme, c'est la liberté qui est le mal radical, c'est la liberté qui est l'ennemi. En effet, la production capitalistique, sujet de leur grief, n'est autre chose que l'affectation des résidus d'un travail précédent à la production ultérieure, et le collectivisme aboutit à cette contradiction pétrifiante que, dans le but hautement proclamé d'assurer à l'ouvrier le prix intégral de son labeur, il lui interdit d'employer ce qu'il reçoit de la façon qui lui permettrait d'en retirer le plus grand avantage. En fait, la loi d'airain ne se vérifie point d'une manière uniforme. Naturellement le taux des salaires est mesuré non sur les besoins de l'ouvrier, mais sur les profits en perspective. Il tombe au dessous de ce que le patron pourrait accorder lorsque les ouvriers s'offrent isolément au rabais, ce qui arrive assez fréquemment, parce que, depuis les machines, il y a plus d'estomacs à remplir que de besogne à faire ; mais les travailleurs peuvent rétablir l'équilibre par leur entente et ils s'y exercent diligemment, comme la multiplication des grèves le fait assez voir. Ce n'est donc ni la nécessité des choses, ni l'injustice des lois ; c'est leur trop grand nombre (qui dépend d'eux) c'est l'insuffisance de leur organisation et de leur culture qui les laisse encore momentanément sous la dépendance du capital. Le socialisme, qui ne permet pas au particulier de capitaliser, pour ne pas lui laisser la faculté d'employer d'autres hommes à son profit, et qui fait ainsi gaiement litière de la liberté personnelle, ne nous apprend pas comment il assurera la conservation, le renouvellement et l'accroissement des capitaux nécessaires à la continuité du travail social sous un régime où l'intérêt prochain de chacun serait de s'attribuer la plus grosse part possible de la richesse produite, et où les organisateurs du travail comme les distributeurs des prix seraient naturellement choisis par la foule. L'examen de ces difficultés pratiques nous écarterait de notre sujet : ce qu'il importait d'établir, c'est que tout le dogme du socialisme est échafaudé sur une définition fausse de la valeur.

VII

La même définition est à la base de l'optimisme économique, d'après lequel il n'y a rien à faire dans l'état présent de la société qu'à laisser les particuliers s'arranger entre eux le mieux qu'ils peuvent, en garantissant à chacun d'eux la libre disposition des richesses qui se trouvent actuellement entre ses mains et la faculté d'imposer l'exécution des engagements pris envers lui, sans intervenir d'ailleurs en quoi que ce soit dans la production et dans la répartition des richesses. Le théorème des frais de production est indispensable à l'optimisme pour mettre ses propositions d'accord entre elles et pour répondre aux attaques du socialisme contre la justice de l'ordre actuel. Avec Adam Smith, son premier maître, qu'il a laissé bien en arrière, l'optimisme économique voit la source de la richesse dans le travail, ce qui, d'une façon générale, est fort bien pensé. Cependant la terre n'est pas un produit du travail ; dès lors, bien que nécessaire à la production de toute richesse, la terre ne saurait constituer une richesse elle-même. Cette conséquence est dure, mais inéluctable. La valeur d'une chose est égale au coût de sa production, il n'en a rien coûté pour produire la terre, donc la terre n'a pas de valeur : ce que je paie un champ n'est que le prix du travail qu'il a exigé pour le mettre en œuvre et des améliorations qu'il a reçues, de sorte que la propriété foncière se trouve ramenée au droit de l'homme sur le produit de son travail, c'est-à-dire à sa liberté. C'est à Frédéric Bastiat qu'appartient l'honneur équivoque d'avoir dégagé cette magnifique thèse *a priori*, qui, du même coup, fait régner l'unité dans la pensée économique et fournit une réponse victorieuse aux objections élevées au nom du droit contre la propriété foncière exclusive, mais qui ne laisse pas de surprendre un peu celui qui voit partout des terres incultes dans le marché et qui réfléchit aux sommes que les nations civilisées dépensent à l'envi pour en acquérir de nouvelles. Le théorème de l'auteur des *Harmonies* est tellement contraire à l'évidence des faits, les sophismes par lesquels on a essayé quelque temps de le soutenir sont tellement percés qu'on renonce à le proposer directement, sans toutefois en abandonner les conséquences.

L'école qui s'achève et se résume en cette fiction ingénieuse tient pour démontré que la concurrence des intérêts privés aboutira nécessairement à la production maximale. La question pratique : savoir dans quels cas l'indépendance individuelle favorise l'enrichissement de la société et dans quels cas certaines limitations seraient préférables, se trouve ainsi supprimée. A considérer simplement le chiffre de la richesse collective, il n'y a là qu'une affirmation discutable. Cette affirmation perd toute apparence de vérité lorsqu'on la transporte dans le domaine de la philosophie sociale, en avançant que le moyen d'assurer la moins mauvaise condition possible au plus grand nombre consiste à laisser ceux qui n'ont rien s'arranger le mieux qu'ils le pourront avec ceux qui ont tout.

Au point de vue juridique, dont il n'est pas loisible de faire abstraction lorsqu'on prétend inspirer le législateur (ambition que l'école qui occupe encore en France les positions les plus élevées partage avec son antipode, l'école historique allemande), la doctrine du pur laisser-faire et de la concurrence illimitée serait admissible pour les affaires où la liberté de l'un n'exclut pas la même liberté chez l'autre, dans un pays où la distribution de la richesse au moment choisi comme point de départ résulterait exclusivement de cette lutte pacifique des activités privées. Le pur laisser-faire serait injuste, en revanche, dans les matières où l'activité industrielle ne peut pas atteindre ses fins sans la constitution d'un monopole. La construction et l'exploitation des chemins de fer, par exemple, ne sauraient être livrées sans contrôle à l'industrie privée, attendu qu'on sait qu'une ligne une fois établie, il n'est généralement possible ni de ne pas l'employer ni de lui susciter une concurrence. Et quant aux rapports des personnes, le simple laisser-faire serait injuste envers les gens sans avoir partout où les propriétaires effectifs de la richesse mobilière ou immobilière seraient redevables des privilèges qu'elle confère à des actes antérieurs de l'Etat, ce qui est le cas, partiellement du moins, dans toutes les sociétés que nous connaissons. Lorsque l'Etat a créé des riches par des concessions de domaines ou de privilèges, par les libéralités d'un trésor prélevé sur le travail des contribuables, par l'insuffisance de son contrôle ou de tout autre manière, il est responsable vis-à-vis de ceux qui n'ont pas eu de part à sa munificence. Peu importe que l'inégalité des facultés et des chances dût produire infailliblement l'opposition du riche et du pauvre sous le régime de la liberté pacifique, s'il est établi qu'en fait l'opposition existante tient aux actes des pouvoirs présents et passés. N'invoquez donc plus la liberté comme s'il suffisait d'en prononcer le nom pour répondre à tout. La liberté n'est pas un pavillon fait pour couvrir toutes les marchandises, un paravent pour masquer toutes les pratiques, la liberté est un drapeau dont les plis flottants nous attirent, un but excellent, un but lointain, qu'il faut conquérir. Quelles que soient les institutions politiques et les lois civiles, la liberté n'existe pas chez des peuples où les classes les plus nombreuses dépendent des convenances d'une autre classe pour un entretien qu'elles obtiennent en travaillant au compte de la dernière, avec des outils fournis par elle et dans l'obéissance à ses prescriptions. Cette nécessité ne résulte pas du jeu naturel de la liberté : quelques inégalités de fortune que produisit la diversité des chances et des aptitudes. La consolidation des différences de classes sous la forme de l'esclavage, du servage ou du salariat résulte évidemment de l'appropriation exclusive par quelques-uns, d'instruments de travail qu'ils n'ont point créés et d'une matière exploitable que la nature offre à tous, sur laquelle tous ont un droit égal, qu'on ne saurait méconnaître et qu'on n'organise point en le supprimant. Dans une condition semblable, la liberté n'est qu'un vain mot. Il est difficile de comprendre où les économistes de l'orthodoxie trouvent l'art de rester fermés à cette évidence. Les franchises politiques du prolétariat n'ont manifestement de prix à ses yeux qu'à titre de moyens pour améliorer sa condition matérielle. Entre ses mains, le suffrage est une arme dont l'école semble ne pas tenir un compte suffisant lorsqu'elle affirme, par exemple, que « pour réfuter le socialisme, il ne faut pas tenir son langage ». Au moins pour le réfuter avec quelque succès, faudrait-il tâcher d'en être compris, et tout d'abord d'en être écouté. Si l'ordre actuel est irréprochable, c'est à ses détracteurs, à ses ennemis qu'il faudrait le montrer : les satisfaits n'ont pas besoin d'arguments pour être plus satisfaits encore, et l'exemple de ceux qui renoncent à leurs biens par scrupule n'est pas encore si contagieux qu'il soit urgent de les rassurer. La haine des classes est le gouffre ouvert devant nous : au lieu de se demander comment on pourrait le combler, certains économistes semblent trouver du plaisir à le creuser encore davantage. Ils tiennent leur doctrine pour une science faite, qu'on doit exposer, qu'on doit appliquer, mais sur les principes de laquelle il n'y a pas lieu de revenir. Et pourtant, si l'on en croit l'un de leurs maîtres, ces principes ne seraient bien arrêtés que depuis tantôt vingt-cinq ans, disons vingt-neuf, depuis le jour apparemment où Bastiat a couronné l'édifice en établissant que la terre n'a pas de valeur par elle-même[1].

L'Economique aurait ainsi des textes sacrés, à tout le moins des dogmes immuables, dont nul ne serait admis à se départir ; elle aurait pour mission non la recherche scientifique, mais l'apologie de la propriété privée, tant des terres que des meubles, de l'hérédité et du salariat. Cette notion de l'Economique, rappelée non sans quelque hauteur à ceux qui s'en

[1] Voy. *Journal des Economistes*, t. XXXI, p. 209.

écartent, ne s'accorde peut-être pas très bien avec l'idée moderne de la science en général. Elle explique l'immobilité, nous ne disons pas la stérilité, de l'école orthodoxe française à l'heure où tout autour de nous, en Autriche, en Allemagne, en Italie, en Amérique, et plus encore sur le sol classique de la Grande-Bretagne, les axiomes du passé sont remis au creuset, où les principes et les méthodes sont l'objet de la discussion la plus soutenue et la plus approfondie; tandis que, dans l'ordre pratique, le sentiment d'une nécessité de jour en jour plus accablante pousse tous les gouvernements à des mesures d'un mérite inégal et parfois très discutable pour adoucir le sort de la classe ouvrière et lui procurer la sécurité.

VIII

Entre les docteurs du nouvel empire qui cherchent dans l'histoire la solution des problèmes économiques et les maîtres anglais, autrichiens, italiens qui en demandent les secrets à la psychologie, une école peu nombreuse encore, mais respectée, sinon redoutée, et disséminée un peu partout, s'applique à les formuler dans la langue sévère des mathématiques [1]. A vrai dire, il semble bien que l'Economique ait pour objet des quantités, que les grandeurs se mesurent et que les rapports de grandeurs variables relèvent des mathématiques supérieures. Mais de Robinson dans son île au calcul différentiel, quelle ascension !... ou quelle chute ! On se confesse d'avoir soupçonné que les économistes qui lisent l'algèbre comme leur journal trouveraient du bon au nouveau système, et que ceux qui n'y entendent rien auraient mille raisons excellentes pour le repousser. C'était un jugement téméraire; on connaît des apprentis économistes qui donneraient gros pour déchiffrer les équations où M. Walras établit les lois de l'échange, puis déduit des lois de l'échange les lois de la production, enfin de celles-ci les lois de la capitalisation et le taux du revenu, représentant ainsi l'ensemble de la richesse en marquant le rapport des éléments qui la constituent. D'autre part, on tient de bonne source que tel

[1] Après Cournot, Stanley Jevons, Léon Walras et Gossen, dont on vient de réimprimer le petit livre profondément oublié pendant quarante ans, nous citerons, au nombre des algébristes de l'Economique, de Thuenen, Mangolt et Launhardt, en Allemagne, et, en Angleterre, Edgeworth (*Mathematical Psychics*, 1881) et Wicksteed (*The alphabet of economic science*, 1888).

économiste qui pourrait parler la langue de l'algèbre préfère s'en tenir à celle du journal.

IX

C'est entre toutes ces écoles, toutes ces tendances que les professeurs d'Economique institués depuis plusieurs années dans les facultés de droit françaises sont appelés à trouver leur voie. Chacun d'eux, sans doute, choisira la sienne, quelques-uns peut-être tenteront d'en frayer une nouvelle. Ce qui paraît certain, c'est qu'ils ne bornent pas leur rôle à réfuter le socialisme et à glorifier l'état présent avec les arguments en usage depuis 1848. Une telle scolastique, enchaînée à des dogmes arrêtés d'avance, ne leur paraît pas compatible avec la dignité de l'enseignement supérieur. Etudier sans parti pris les systèmes individualistes et socialistes, rechercher l'influence des diverses formes de propriété particulière et collective sur la conservation et sur l'accroissement de la richesse serait la tâche de l'économiste en sa propre qualité d'économiste. Puis, pour résoudre les questions pratiques sur ce grand sujet, il faudrait les étudier également sous le point de vue du droit naturel, en scrutant les bases juridiques de l'appropriation tant des objets consommables que des capitaux et des fonds de terre — investigation qui n'aboutirait peut-être pas à des résultats identiques pour les différentes classes de biens. Cette dernière étude serait impossible, on le comprend, sans une notion préalable de la justice, reposant sur un principe évident et déterminé. Pour des raisons qu'il serait superflu de déduire ici, nous proposons la liberté ; de sorte que la question de droit prendrait cette forme : « Tel mode d'appropriation, tel genre de propriété sont-ils des conséquences de la liberté de l'individu, des corollaires de son droit sur lui-même ? Sont-ils favorables au développement de cette liberté? Sont-ils compatibles avec la même liberté chez les autres hommes? » C'est ainsi que le problème nous semble se poser devant une raison impartiale, et notre conviction s'affermit toujours plus à mesure que nous observons les efforts tentés pour le déplacer et pour l'obscurcir.

L'Economique, la morale et le droit auraient chacun leur mot à dire dans la solution pratique des questions concernant les biens ;

l'art serait de les concilier. A cet effet, il faudrait classer leurs titres, établir leur hiérarchie, et tout d'abord distinguer nettement l'objet de chacune d'elles; tandis qu'on aurait grand'peine à les harmoniser si l'on commençait par les confondre.

La critique détaillée de l'ouvrage substantiel qui a suggéré nos réflexions ne trouverait pas sa place dans le cadre de ce volume. M. Gide se rattache aux principes de la propriété privée et de la libre concurrence, mais il traite ces matières avec une parfaite liberté d'esprit. Ecartant sans effort le sophisme qui n'attribue d'autre valeur à la terre que celle du travail qu'elle incorpore, il en déduit la rente de trois caractères qu'aucune autre richesse ne présente au même degré : « 1°, celui de répondre aux besoins essentiels et permanents de l'espèce humaine ; 2°, d'être en quantité limitée, et 3°, de durer éternellement ».

Il trouve la justification de la propriété foncière, qui, selon lui, devrait en principe être collective, dans la nécessité de retirer du sol le maximum de subsistance ; et, sans admettre l'impossibilité d'arriver à ce résultat d'une autre manière, il avoue qu'un rachat équitable se heurterait à des difficultés financières insurmontables. Tout ce chapitre [1] nous paraît excellent, mais il laisse intacte la question de savoir si ceux auxquels l'appropriation du sol enlève l'instrument de travail fourni par la nature, et qui ne peuvent subsister nulle part sans en acheter de quelqu'un la permission, ne se trouvent pas de ce chef créanciers de la société.

La présence, indispensable pour le progrès économique et pour la civilisation, d'une classe d'hommes dispensée de gagner son entretien, l'utilité de l'inégalité des fortunes, la fonction spéciale du capitaliste, la nécessité que cette fonction soit honorée et convenablement rémunérée sont mises en lumière avec une équitable simplicité, mais l'auteur n'en conclut pas que le salariat soit l'organisation du travail la plus parfaite imaginable, ni qu'il doive nécessairement durer toujours. Cette opinion lui a valu des reproches auxquels nous ne saurions nous associer. Voyant la justice et la paix dans le régime coopératif, dont M. Gide porte vaillamment la bannière, nous ne saurions nous défendre, malgré tout, d'y voir l'avenir.

En fondant l'Economique sur la valeur, qui dépend de la rareté, et au fond du désir, nous

[1] P. 478-504.

établissons que l'objet n'en est pas matériel. Cet objet n'est pas plus la richesse *des nations* que celle des particuliers ou du genre humain pris dans son ensemble ; ce n'est pas même, à proprement parler, la richesse en général, l'ensemble des objets dont se compose la richesse, son objet véritable est l'activité de l'homme relative à la richesse, ou plus précisément l'activité de l'homme social tendant à la satisfaction de ses besoins. Savoir comment cette activité s'est exercée et s'exerce actuellement, c'est l'érudition — l'isoler et l'affranchir pour en suivre la logique, c'est la théorie, qui seule peut devenir *exacte* (à prendre ce mot dans le sens de la science) — tracer les lignes qui, d'un lieu donné, la conduiront à la satisfaction maximale est l'œuvre de l'art.

L'Economique ne s'étend pas plus loin, mais les besoins, ou plutôt les désirs, puisque de notre point de vue exclusif les deux mots se recouvrent, ne sont pas tous légitimes, ils ne concourent pas tous au but suprême de la vie, et ceux qui y concourent ne le font pas tous également. Ordonner les désirs, distinguer les désirs permis des illégitimes est une tâche de la morale.

Enfin l'entière satisfaction des besoins de

l'un n'est pas compatible avec la satisfaction des besoins de l'autre. Quoi qu'en dise un optimisme de parti pris, il ne règne pas dans le monde économique une si parfaite harmonie qu'en allant jusqu'au bout de notre intérêt économiquement bien entendu, nous ne puissions heurter celui d'un autre ou de tous les autres. C'est pourquoi les hommes ont senti partout la nécessité d'instituer un arbitre investi d'une force matérielle suffisante pour contraindre au besoin les intérêts à se respecter mutuellement. Cette limite se nomme la Loi, le pouvoir qui l'impose est l'Etat, et c'est dans le milieu soumis à la loi que l'Economique étudie l'activité réelle et l'activité normale des particuliers obéissant à leur intérêt personnel, puis l'activité que l'Etat déploie et doit déployer dans son gouvernement et dans sa politique extérieure pour favoriser l'intérêt commun des administrés. Mais changeant avec les temps et les lieux, les lois des Etats se rapprochent inégalement du droit naturel, c'est-à-dire du droit désirable [1], dont le principe est la justice, c'est-à-dire l'égalité des compétences et la réciprocité des obligations.

[1] Heureuse définition, que nous donne un livre récent, *la Règle e Droit*, par Ernest Roguin (Paris, chez Pichon), p. 106.

Qu'il s'agisse d'ordonnances à promulguer ou de la conduite à tenir dans les limites des lois en force, il y a donc lieu, relativement à tout acte économique, d'examiner s'il est, oui ou non, conforme au droit, et c'est à la morale à nous apprendre si l'intérêt peut jamais primer le droit.

Ainsi les mouvements par lesquels individus et sociétés cherchent à satisfaire leurs besoins relèvent tous, inégalement, de l'Economique, appelée à dire si ces démarches tendent à la satisfaction maximale — du Droit naturel, qui les veut compatibles avec la liberté d'autrui — de la Morale enfin, qui demande si elles concourent, ou du moins ne font pas obstacle au but final de la vie : l'unité dans la liberté, la communion spontanée résultant du plein épanouissement des capacités individuelles, ou pour tout mettre en un seul mot : l'amour. La saine pratique exige que sur tous les partis à prendre, les trois disciplines soient interrogées ; il appartient à la morale — qui vient ici se confondre avec la logique — de fixer leurs titres respectifs.

Mais autant il est essentiel de les mettre d'accord dans l'action, autant il importe de les distinguer nettement dans l'abstraction de la théorie. Ce discernement affranchira l'esprit des compétitions violentes où chacune, tirant tout à soi, s'efforce d'absorber les autres et se dénature dans cet effort. Et, en effet, l'on ne tardera pas à reconnaître que chacune ayant partout son mot à dire, n'en possède pas moins une sphère propre où elle se réalise directement avec le secours des autres : le Marché, l'Etat et cette société des âmes que nous ne savons de quel nom désigner dans une langue où le mot Eglise réveille l'idée d'une organisation fondée sur quelque autorité étrangère à la conscience et revendiquant un pouvoir de contrainte, mais qui ne marque pas moins le terme de toutes nos aspirations, n'est pas moins la cause finale de tous nos efforts, et ne se reflète pas moins dans toutes les relations et dans tous les actes auxquels nous pouvons attribuer une valeur réelle. La sphère de l'Economique se détache de toutes les autres et sa définition ne peut plus rester incertaine lorsqu'on a déterminé sa place dans l'Ethique à côté du droit et de la morale, et la place de l'Ethique en général à côté de la logique et de l'esthétique dans les sciences de l'esprit. On comprend alors que l'Economique ne saurait avoir pour objet la richesse, mais, comme nous l'avons dit, l'activité de l'homme social tendant à la satisfaction de ses intérêts. La nécessité de contenir l'activité économique dans les limites du droit ressort de la quantité bornée des objets désirables ; son accord foncier avec la morale et le droit, du fait que l'intégrité matérielle des individus est la condition indispensable de leur développement intellectuel et moral nécessaire à la réalisation du but suprême, dont la légitimité ne saurait faire question, puisqu'il est la raison de tout.

TABLE DES MATIÈRES

I. Mon utopie

1. Gillette 3
2. Turin 45
3. La montagne de Sainte-Geneviève . . . 85

II. La paix 147
III. La croyance a la liberté 159
IV. Le libéralisme 203
V. Le droit de famille 221
VI. L'économique et la philosophie 234

www.ingramcontent.com/pod-product-compliance
Lightning Source LLC
Chambersburg PA
CBHW050510270326
41927CB00009B/1976

* 9 7 8 2 0 1 2 7 5 2 4 9 8 *